MERIAN
Reiseführer

Mailand

Kirstin Hausen

ZEICHENERKLÄRUNG

★ MERIAN TOP 10

 MERIAN Empfehlungen

👁 Im Vorbeigehen
  entdeckt

PREISKLASSEN

Preise für ein Doppel-
zimmer mit Frühstück:

€€€€ ab 200 €

€€€ ab 150 €

€€ ab 100 €

€ bis 100 €

Preise für ein drei-
gängiges Menü:

€€€€ ab 100 €

€€€ ab 70 €

€€ ab 30 €

€ bis 30 €

CIAO, MILANO!

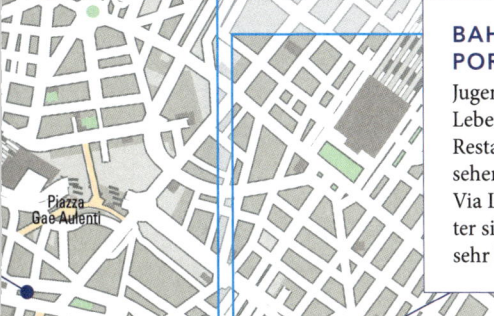

BAHNHOF – PORTA VENEZIA

Jugendstil-Palazzi, asiatische Lebensmittelgeschäfte und nette Restaurants. Hier gibt es viel zu sehen und zu schmecken. Die Via Lecco und die Piazza Lavater sind bei Nachtschwärmern sehr beliebt. → S. 116

Piazza
Gae Aulenti

Isola –
Garibaldi

**Bahnhof –
Porta Venezia**

BRERA – GOLDENES KARREE

Museen, Restaurants und edle Boutiquen. Hinter den Fassaden in der Via Monte Napoleone verbergen sich oft wunderschöne, begrünte Innenhöfe. → S. 148

Brera –
Goldenes
Karree

Dom
Santa Maria
Nascente

Zentrum

Porta Romana

DAS ZENTRUM

Elegante Plätze, großbürgerliche Palais, mehrgeschossige Wohnhäuser, verkehrsberuhigte Einkaufsstraßen und mittelalterliche Gassen – und über allem wacht die »Madonnina« auf der Spitze des Doms. → S. 62

PORTA ROMANA

Das südliche Viertel rund um die Porta Romana ist in seiner Mischung aus bürgerlich und aufsässig sehr authentisch geblieben. Mailands Intellektuelle lieben seine geschichtsträchtigen Bars und vielen typischen Trattorien. → S. 132

KARTEN UND PLÄNE

DIE THEMEN DER STADT

SPAZIERGÄNGE UND AUSFLÜGE

MEIN MAILAND

Mailand ist zwar nur die zweitgrößte Stadt Italiens, aber unumstritten die Wirtschaftslokomotive des ganzen Landes. Hier wird viel gearbeitet und produziert, Geld verdient und Geld ausgegeben. Denn die Mailänder verstehen es auch zu genießen.

Mailand beginnt am Dom Santa Maria Nascente. Von hier breiten sich die Straßen des Zentrums sternförmig aus. Hier beginnen auch die Mailänder Hausnummern, das heißt: je höher die Ziffer, desto weiter weg vom Dom. Seinen ersten Morgen in der Stadt muss man auf dem Domplatz beginnen, wenn das Tageslicht langsam über die Domspitzen mit ihren Figuren (3159 an der Zahl) kriecht. Ich bekomme jedes Mal eine Gänsehaut. Immer noch.

Als ich das erste Mal nach Mailand kam, war ich 17 Jahre alt und auf Klassenfahrt auf dem Weg an die Côte d'Azur. Der Bus hielt am Castello Sforzesco, und wir gingen zu Fuß Richtung Dom. Die autofreie Via Dante zwischen Piazza Cordusio und dem Castello Sforzesco mit ihren eleganten Fassaden schlug mich sofort in ihren Bann. »Was für eine elegante Stadt«, dachte ich. Noch heute liebe ich die klassische Spazierrunde vom Dom über die mittelalterliche Piazza degli Mercanti bis zur trutzigen Burganlage der Sforza und dem dahinterliegenden Parco Sempione. Überhaupt, die Parks! Mailand wird seit der Jahrtausendwende immer grüner. Landschaftsarchitektur ist das Schlagwort, denn Natur in der Stadt haben die Mailänder am liebsten in gezähmter Form.

Heute sind die Straßen entlang der Navigli Mailands beliebteste Ausgehmeile, und jeder, der auch nur einen Abend in Mailand hat, sollte ihn in den Trattorien, Szenebars und Straßencafés dort verbringen.

Mailand ist auch eine Stadt, die man sich »erarbeiten« muss. Sie breitet ihre Schönheit nicht bereitwillig vor dem Betrachter aus, sondern versteckt sie oft genug hinter hohen Mauern,

Hoftoren und unscheinbaren grauen Fassaden. Auch die Mailänder selbst unterschätzen ihre Stadt und fahren am Wochenende lieber an die Seen im Norden oder das Meer im Süden. Dabei könnte man samstags durch das historische Zentrum rund um den Dom mit seinen Kirchen und restaurierten Palazzi schlendern, in einer Trattoria an der Porta Venezia zu Mittag essen, nachmittags das Designmuseum Triennale und die Pinakothek in Brera besichtigen und abends in die Scala oder ins Piccolo Teatro gehen. Und den Sonntag mit einem ausgiebigen Brunch im trendigen Isola-Viertel einläuten, um dann weiter nach Süden zu spazieren und den Abend an den antiken Wasserkanälen ausklingen zu lassen, wo sich Lokale und Bars aneinanderreihen.

Mailand ist nach Rom die zweitgrößte Stadt Italiens, hat aber in vielerlei Hinsicht die Nase vorn. Die Stadt setzt neue Trends, in der Mode ohnehin, aber auch architektonisch, wie man besonders gut rund um den Bahnhof Garibaldi, im Stadtteil Porta Nuova und auf dem ehemaligen Messegelände CityLife beobachten kann. In einem Land, das an Kunst und Vergangenheit überreich ist, ist Mailand eine freche Pionierin, die sich mehr für Gegenwart und Zukunft interessiert und manchmal brachial modern auftritt. Und es ist eine Stadt für Entdecker. Langweilig wird es hier nie!

Kirstin Hausen hat von 2001 bis 2018 in Mailand als freiberufliche Journalistin für verschiedene Radio- und Printmedien gearbeitet. Heute ist ganz Italien ihr Betätigungsfeld, sie arbeitet als Übersetzerin und schreibt über das Land, das ihre zweite Heimat geworden ist. Ihre Lieblingskaffeebar liegt an der Porta Venezia, abends durchstreift sie gerne das Isola-Viertel oder geht an die Navigli.

Blick von der Galleria Vittorio Emanuele II
(s. S. 71) über die Piazza del Duomo. Hier
schlägt das Herz der Stadt.

DER ERSTE BLICK AUF MAILAND

★ MERIAN TOP 10

Das sind sie – die Sehenswürdigkeiten, für die Mailand weit über die Grenzen der Stadt hinaus bekannt ist.

★1 Dom Santa Maria Nascente
Das imposante Wahrzeichen der Stadt ist mit 1170 Quadratmetern Grundfläche eines der größten Gotteshäuser der Welt und bietet 5000 Menschen Platz. → S. 64

★2 Galleria Vittorio Emanuele II
Die überdachte Einkaufspassage von 1877 mit der imposanten verglasten Kuppel ist nach dem ersten König des vereinten Italiens benannt. → S. 71

★3 Piazza dei Mercanti
Einer der ältesten (Markt-)Plätze der Stadt besticht mit dem Palazzo della Ragione (1233) und der Loggia degli Orsini (1316). → S. 72

★4 Piazza San Sepolcro
Mailands schönster Platz aus römischer Zeit. Hier lag das Forum, wo sich die beiden Hauptstraßen von Mediolanum kreuzten. → S. 74

★5 Basilica di Sant'Ambrogio
Das wichtigste mittelalterliche Baudenkmal der Stadt. Die romanische Basilika trägt den Namen des beliebten Stadtheiligen. Sonntags sind hier die berühmten ambrosianischen Gesänge zu hören. → S. 74

★6 Castello Sforzesco
Auf den Ruinen der Burg der Visconti aus dem 14. Jahrhundert errichtete Herzog Francesco Sforza seinen Sitz. Heute beherbergt das Castello verschiedene Museen, in denen auch Michelangelos »Unvollendete« zu sehen ist. → S. 88

Auf dem Brachland hinter dem Stadtbahnhof Porta Garibaldi entstand im Zuge der Baumaßnahmen zur Expo 2015 die moderne Piazza Gae Aulenti (s. S. 107).

⭐ 7 Piazza Gae Aulenti

Das von ultramodernen Wolkenkratzern umgebene Zentrum des neuen Viertels Porta Nuova, benannt nach der 2012 verstorbenen Architektin. → S. 107

⭐ 8 Teatro alla Scala

Seine neoklassizistische Fassade und modernste Bühnentechnik zeichnen den Tempel der Oper aus. → S. 152

⭐ 9 Naviglio Grande

Mailands ältester Wasserkanal aus dem 12. Jahrhundert ist heute eine Ausgehmeile mit Szenebars und romantischen Restaurants. → S. 172

⭐ 10 Santa Maria delle Grazie und Da Vincis Wandgemälde »Cenacolo«

Leonardo da Vincis Meisterwerk (1494–1498) im Dominikanerkloster Santa Maria delle Grazie kann nur auf Vorbestellung besichtigt werden. → S. 183

⚑ MERIAN EMPFEHLUNGEN

Ungewöhnliche Perspektiven, charmante Orte und feine Details versprechen besondere Augenblicke.

⚑1 Naviglio Pavese und Naviglio della Martesana
Mit dem Fahrrad entlang antiker Wasserstraßen das ursprüngliche Mailänder Umland entdecken. → S. 38

⚑2 Aperitif in der Bar Camparino
In der kleinen Bar am Domplatz, wo das Ritual des Aperitifs erfunden wurde, schmeckt's nach Tradition. → S. 72

⚑3 Pause auf dem Campus
Zwei wunderschöne Kreuzgänge sind das Zentrum der Università Cattolica mit Sitz in einem alten Kloster. → S. 74

⚑4 Pasticceria Marchesi
Feinstes Gebäck in der Traditionskonditorei von 1824. → S. 83

⚑5 Friedhof als Freilichtmuseum
Ein Rundgang auf dem Cimitero Monumentale mit seinen teils bizarren (Grab-)Kunstwerken. → S. 98

⚑6 Bar und Restaurant Ceresio 7
Von der Dachterrasse des Szenetreffs überblickt man die neue Mailänder Skyline. → S. 99

⚑7 Palazzina Liberty
Jugendstilvilla mitten im Grünen – hier finden Lesungen, Vernissagen und Konzerte statt. → S. 136

⚑8 Abschalten im Giardino della Guastalla
Entzückender, kleiner Park mit barockem Fischteich. → S. 138

Im Innern der »Wolke«. Das Museum der Weltkulturen (MUDEC) (s. S. 173) mit seiner ungewöhnlichen Sammlung entstand nach Plänen David Chipperfields.

9 **Museo Teatrale della Scala**
Ein Blick hinter die Kulissen der berühmten Oper. → S. 153

10 **Drink in Armanis Bar Bamboo**
Cocktails im 7. Stock des Armani Hotels. → S. 163

11 **Orto di Brera**
Frisches Essen direkt beim Gemüsehändler. → S. 164

12 **Museum MUDEC**
Wechselausstellungen, Events und ein schönes Bistro auf dem Gelände der ehemaligen Ansaldo-Fabrik. → S. 173

13 **Experimentieren wie Leonardo da Vinci**
Im Wissenschaftsmuseum dürfen viele der 10 000 Ausstellungsobjekte angefasst und ausprobiert werden. → S. 182

14 **Al Pont de Ferr**
Kreative Spitzenküche hinter unscheinbarer Fassade. → S. 187

15 **Durch das Karree der Stille**
Auf den Spuren von Schauspielern, Industriellen, Adligen und Revolutionären. → S. 194

MAILAND KOMPAKT

Daten und Fakten

Vorwahl: 02
Einwohner: 1,4 Mio.
Bevölkerungsdichte:
7300 Bewohner/km^2
Fläche: 181,67 km^2
Religion: 91 % Katholiken
Sprache: Italienisch
Währung: Euro (€)

Stadtviertel

Mailand ist in neun Verwaltungsbezirke aufgeteilt. Ausgebreitet hat sich die Stadt wie ein Wasserfleck, ausgehend vom historischen Zentrum, das die Mailänder auch »centro centro« nennen. **Brera**, **Magenta**, **Garibaldi**, das **Goldene Karree** und das Viertel um die **Porta Venezia** herum gehören heute auch zum Zentrum, während die **Porta Romana** im Süden, das **Naviglio-Viertel** und die **Sempione-Gegend** zentrumsnah sind. Sie sind heute begehrte Wohn- und Ausgehviertel. Aufgrund des Strukturwandels sind eher periphere Gebiete wie die Straßen rund um den Monumentalfriedhof, die **Piazza Wagner** und die Gegend südlich der **Porta Genova** kulturell sehr interessant. In ehemaligen Lagerhallen und Fabriken haben sich Museen, Galerien und vielfältige Kunsteinrichtungen niedergelassen. Den größten Sprung nach vorne gemacht hat das **Isola-Viertel**. Früher war es weitgehend abgetrennt von den Entwicklungen in der Stadt, heute ist es ein Mikrokosmos, den es zu entdecken gilt.

Bevölkerung

Mailand ist mit 1,4 Mio. Einwohnern nach Rom die zweitgrößte Stadt Italiens. In ihrem Einzugsgebiet leben noch einmal 1,8 Mio. Menschen. Die Einwohnerzahl steigt seit mehr als 10 Jahren kontinuierlich, obwohl die Geburten zurückgehen. 2019 wurden mit 9671 Neugeborenen die wenigsten Geburten seit 100 Jahren verzeichnet. Aber es ziehen pro Jahr 40 000–50 000 Menschen in die Stadt.

Religion

91 % der Einwohner sind **Katholiken**. Die Zahl der

Die Löwen am Sockel des Reiterstandbilds Vittorio Emanueles II. auf der Piazza del Duomo sind ein beliebter Landeplatz für Tauben.

Protestanten ist verschwindend gering. Die zweitgrößte Religionsgemeinschaft ist die muslimische. Die Mailänder Diözese und die Caritas berechnen sie auf 3,5 % aller Gläubigen.

Bildung

Mailand hat drei staatliche Universitäten, eine ist eine Fachhochschule, das **Politecnico**. Unter den privaten Universitäten ist die **Università Cattolica del Sacro Cuore** die größte katholische Universität in Europa und die **Università Commerciale Bocconi** eine der zehn renommiertesten europäischen Wirtschaftsuniversitäten. Neben der Kunstakademie **Accademia di Belle Arti di Brera**, gibt es seit 1980 auch die **Nuova Accademia di Belle Arti** (NABA) mit Fokus auf Mode und Design und natürlich zahlreiche kleinere Mode und Designfachschulen.

Medien und Verlage

In Mailand haben die nationale Tageszeitung »**Corriere della Sera**«, die katholische

Tageszeitung »Avvenire«, die Wirtschaftszeitung »Il Sole 24 Ore«, die Sportzeitung »Gazzetta dello Sport« sowie die Wochenzeitung »Panorama« ihren Sitz. Das Fernsehimperium des ehemaligen Premierministers Silvio Berlusconi ist in Mailand angesiedelt sowie die großen Verlage Mondadori, Rizzoli, Feltrinelli und Garzanti.

Politik
Seit ist 2016 ist Beppe Sala Bürgermeister von Mailand. Der frühere Manager war vorher Direktor der Weltausstellung, die 2015 in Mailand stattfand. Im Februar 2020 beging er einen folgenschweren Fehler, indem er die Mailänder zu Beginn der **Coronavirus-Epidemie** aufforderte, ihre Gewohnheiten nicht zu ändern.

Wirtschaft
Von den 200 größten Unternehmen Italiens haben mehr als die Hälfte ihren Sitz in Mailand. 1910 wurde hier das Reifenunternehmen **Pirelli** gegründet, viele weitere Fabriken folgten, Mailand war nach dem Zweiten Weltkrieg Italiens wichtigste Industriestadt. Inzwischen hat ein tiefgreifender Strukturwandel stattgefunden, und der Dienstleistungssektor macht die Hälfte der Wirt-

Klima (Mittelwerte)

	Januar	Februar	März	April	Mai	Juni	Juli	August	September	Oktober	November	Dezember
Tagestemperatur	4	8	13	19	23	28	30	29	25	17	10	5
Nachttemperatur	-1	1	5	9	13	17	20	19	16	11	6	1
Sonnenstunden	2	3	5	6	7	8	9	8	6	4	2	2
Regentage pro Monat	7	5	7	9	10	7	5	5	6	8	8	7

schaft aus. Die **Modebranche** (Kleidung, Stoffe, Lederwaren) erwirtschaftete 2018 mit 13 000 Firmen und 90 000 Angestellten einen Umsatz von 19 Mrd. €. Der Tourismus expandiert und verzeichnet vor allem seit der Expo 2015 einen steilen Anstieg. 2019 besuchten fast 11 Mio. Menschen die Stadt.

Parks und Gärten

»Dort wo einst Wiesen waren, da ist heute eine Stadt« sang **Adriano Celentano** in den 1960er-Jahren in seinem Lied »Il ragazzo della via Gluck«. Der Junge, der die Straße, in der er aufgewachsen ist, nach langer Abwesenheit nicht mehr erkennt, ist er selber. Die Straße, Via Gluck, gibt es wirklich, nicht weit vom Hauptbahnhof entfernt. Und in der Tat wurde in der Zeit des Wirtschaftswunders alles bebaut, was bebaubar war. Grünflächen gehörten damals nicht zu den Prioritäten in der Stadtplanung.

Das hat sich ab den 2000er-Jahren geändert, und mit der **Expo 2015** wurde Mailand zu einer grüneren Stadt. Der größte innerstädtische Park ist mit 386 000 m²

der **Parco Sempione**, der an das Castello Sforzesco angrenzt. Der beliebteste Park mit 172 000 m² sind die **Giardini Indro Montanelli**, den die Mailänder nach wie vor »Giardini pubblici« nennen.

Trivia

Der **älteste Briefkasten** Mailands stammt aus der napoleonischen Zeit und steht am Palazzo del Senato.

Für den **Panettone**, Mailands typischen Weihnachtskuchen, geben die Italiener mehr als 200 Mio. € im Jahr aus. Das Gewicht der 2019 verkauften Pannettoni betrug 29 000 t.

231 m hoch ist der **Torre UniCredit**, das höchste Gebäude der Stadt. Genauso lang ist ein antiker Wasserkanal *(naviglio)*, der zugeschüttet und überbaut wurde und in den nächsten Jahren wieder geöffnet werden soll.

108 m hoch (bis zur Spitze der Madonnina) ist der **Mailänder Dom**. Er wiegt 325 000 t.

14,5 m breit ist die **Galleria Vittorio Emanuele II**.

96,8 km lang ist das Mailänder **Metronetz**. Es befördert pro Jahr 365 Mio. Fahrgäste.

GESCHICHTE

*Die norditalienische Metropole zwischen Alpen und Mittel-
meerküste leitete wiederholt neue Epochen in Italien ein –
im Guten wie im Schlechten.*

Die Kelten und die Gründungslegende (1000 v. Chr.)

Die von nördlich der Alpen einwandernden Kelten gründen
mitten in den Wäldern und Sümpfen der Poebene Midland.
Der Legende nach dort, wo dem Keltenführer Belloveso eine
Wildsau begegnete, deren Rücken halb mit Fell bedeckt war.
Die »scrofa semilanuta« wird zum Wahrzeichen der Stadt und
findet sich noch heute eingeritzt in die Außenmauer des **Palazzo della Ragione** auf der **Piazza Mercanti**.

Mailand unter den Römern (222 v. Chr.)

Mit den römischen Eroberern kommen neue Gesetze, neue In-
frastruktur, Schrift und Literatur. Das Zentrum von Mediolanum liegt an der heutigen **Piazza San Sepolcro**. Die neuen
Machthaber beginnen die Sümpfe trockenzulegen und bauen
Befestigungsmauern. Julius Cäsar gibt den Bewohnern die römischen Bürgerrechte. 395 n. Chr. wird Mailand sogar Hauptstadt des Weströmischen Reiches. Geblieben sind nur wenige
Zeugnisse: Mauerreste eines **Palazzo Imperiale** in der **Via Brisa** und des **Anfiteatro** sowie die **Colonne di San Lorenzo**, von
denen man nicht weiß, ob sie zu einem Tempel oder einem
Palast gehörten.

Die Lega Lombarda und der Krieg gegen Barbarossa (1167)

Die Städte der Lombardei schließen sich in der Lega Lombarda
gegen Kaiser Barbarossa zusammen und fordern mehr Auto-
nomie. In der Schlacht von Legnano 1176 unterliegt Barbarossa, 1183 vereinbaren die Mitglieder der Lega Lombarda einen
Kompromiss mit dem Kaiser. Die heutige nationale Partei Lega
Nord sieht sich in der Tradition der Lega Lombarda.

Mailand und die Herzöge Visconti und Sforza (1277–1499)
Konflikte zwischen den einflussreichen Mailänder Familien
führen zu einem Machtkampf, den Erzbischof Ottone Visconti
1277 für sich entscheidet. Zwölf weitere Mitglieder der Viscon-
ti-Dynastie werden nach ihm herrschen: einige besser, andere
schlechter. Alle sind in ständige Reibereien mit dem Kaiser,
dem Papst oder beiden verwickelt. Als der letzte männliche
Nachkomme der Visconti stirbt, geht das Herzogtum an den
Söldnerführer Francesco Sforza I. Er lässt das **Castello Sforzesco** und ein großes öffentliches Krankenhaus errichten, heute Sitz der **Statale**, der staatlichen Universität. Sein Sohn Ludovico Il Moro lockt das Universalgenie Leonardo da Vinci an
den Mailänder Hof. Auftragsarbeiten wie die »Dame mit dem
Hermelin« sind in der **Pinacoteca Brera** zu sehen, sein Meisterwerk, das Wandfresko vom letzten Abendmahl, in der Kirche **Santa Maria delle Grazie**.

Rundumerneuerung durch Kaiserin Maria Theresia (1714)
Die österreichische Habsburgerin Maria Theresia, die 1714
nach dem spanischen Erbfolgestreit das Herzogtum Mailand
erhält, führt wichtige Neuerungen ein, beispielsweise Straßenlaternen, Hausnummern und öffentliche Volksschulen, außerdem ein Kataster, in das Häuser und Grundbesitz eingetragen
werden. Ab sofort müssen Grundeigentümer direkte Steuern
entrichten, was den Druck erhöht, insbesondere aus ihrem
Landbesitz Erträge zu erwirtschaften. So kommt es zu mehr
Investitionen in den Ackerbau und vielen technologischen Er-
neuerungen in der Landwirtschaft.

Napoleon und das Feuer der Revolution (1796)
Im Mai 1796 zieht Napoleon mit seinen Truppen durch die
Porta Romana in Mailand ein. Er residiert im eleganten **Pa-
lazzo Serbelloni**, während seine Soldaten auf dem Domplatz
kampieren. Mit Napoleon verbreitet sich das revolutionäre
Feuer in Mailand. Erstmals ist von Gleichheit und Brüderlich-
keit die Rede. Ein Dekret verbietet es den reichen Familien,
Hausangestellte zu entlassen, und im Opernhaus La Scala wird

der *palco reale*, der gekrönten Häuptern vorbehalten war, abgerissen. Neun Jahre später lässt sich Napoleon selbst im Mailänder Dom zum König von Italien krönen. Während seiner Herrschaft werden der **Arco della Pace** (Friedensbogen) und die **Arena** gebaut und der **Corso Sempione** nach Pariser Vorbild angelegt.

Fünf Tage Aufstand (1848)

Nach Napoleons Sturz und der Rückkehr der Österreicher, die hart regieren, kommt es zu ersten Verschwörungstreffen gegen die Fremdherrscher. Am 9. März 1842 wird Giuseppe Verdis »Nabucco« an der Scala uraufgeführt. Das Klagelied der Juden in babylonischer Gefangenschaft interpretieren die Mailänder als Ruf nach Freiheit. Im Revolutionsjahr 1848 jagt die Mailänder Bevölkerung während den »cinque giornate di Milano« (fünftägiger Aufstand) die Truppen von Feldmarschall Radetzky aus der Stadt. Drei Monate später kehren diese jedoch zurück. Erst 1861 wird Italien tatsächlich geeint und unter König **Vittorio Emanuele II** als neuer Staat ausgerufen.

Faschismus und Widerstand (1922–1945)

Am 23. März 1919 gründet **Benito Mussolini** in Mailand die faschistische Bewegung. Nach seiner Machtergreifung 1922 hebelt er das Parlament und die staatlichen Institutionen schrittweise aus. Italien wird eine Diktatur und tritt an der Seite Hitlers in den Zweiten Weltkrieg ein. 1942 setzt der König Mussolini jedoch als Regierungschef ab. Daraufhin besetzen die deutschen Nationalsozialisten Italien. Mailand wird zum Zentrum des Widerstands, doch die Repressalien sind grausam. Der Partisanenkampf tobt, und die Alliierten fliegen Bombenangriffe, bei denen auch die Mailänder Scala in Schutt und Asche gelegt wird.

Politischer Terror (1969–1983)

Am 12. Dezember 1969 detoniert in einem Bankgebäude an der **Piazza Fontana** eine Bombe. Sie tötet 16 Menschen und verletzt 88. Es ist der erste Anschlag einer ganzen Reihe, für die

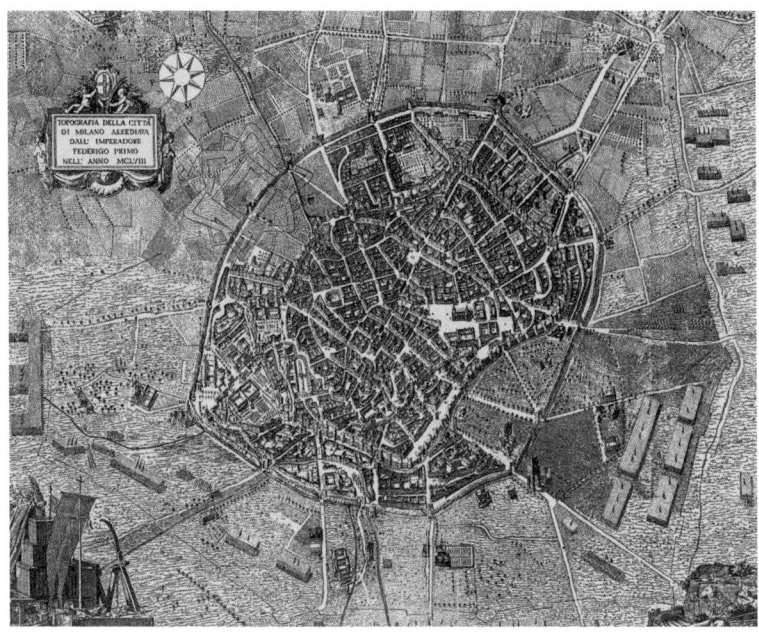

Auf dieser Darstellung Mailands aus dem Jahr 1158 ist der im Jahr zuvor fertiggestellte Ringgraben gut erkennbar, der als Naviglio (s. S. 178) erhalten ist.

linksextreme Terroristen verantwortlich gemacht werden. In Wahrheit sind neofaschistische Kreise dafür verantwortlich, gemeinsam mit dem Geheimdienst. Italien ist das Land mit der mitgliederstärksten kommunistischen Partei in der westlichen Welt und steht unter Beobachtung durch den CIA.

Korruptionsskandale und kein Ende (1992)

Am 17. Februar 1992 wird der Direktor des Mailänder Altenheims Pio Albergo Trivulzio wegen Korruption verhaftet. Die **Mani pulite** (saubere Hände) genannten Ermittlungen der Mailänder Staatsanwälte ändern Italiens Parteienlandschaft radikal. Die Christdemokratische Partei und die Sozialisten, die seit Ende des Zweiten Weltkriegs die politischen Geschicke Italiens bestimmten, gehen im Sumpf der Korruption unter. In das Machtvakuum stoßen neue politische Bewegungen: die Lega Nord und die Forza Italia des Baulöwen und Medienunternehmers Silvio Berlusconi.

Mailand als Tangentopoli

Mailands **Palazzo di Giustizia** (Justizpalast) ist ein monumentaler Quaderbau auf 30 000 Quadratmeter Grundfäche aus den 1930er-Jahren, erbaut im sogenannten »Stile Novecento«, der dem faschistischen Diktator Benito Mussolini so gut gefiel. Romanische Säulen, eine riesige Haupttreppe an der Frontseite, endlose Korridore, lateinische Inschriften … alles ist groß und einschüchternd. Besucher verlieren sich in dem Labyrinth, deshalb gibt es im Innern überall Hinweistafeln. In diesem Gerichtsgebäude begann 1992 ein neues Kapitel in Italiens Geschichte. Mutige Staatsanwälte hoben von hier aus das italienische Schmiergeldsystem aus den Angeln. Mit der Aktion **Mani pulite** (saubere Hände) wurde eine korrupte Politikerkaste hinweggefegt. Dabei begann alles recht harmlos.

Am 17. Februar 1992 übergibt der Besitzer einer kleinen Reinigungsfirma dem Direktor des Mailänder Seniorenheims Pio Albergo Trivulzio einen Umschlag mit sieben Millionen Lire, umgerechnet 3500 Euro, ein lächerlich kleiner Betrag, aber er wird dem Direktor **Mario Chiesa** zum Verhängnis. Denn kaum hat er den Umschlag entgegengenommen, stürmt die Polizei sein Büro. Die Bilder, wie Chiesa in Handschellen abgeführt wird, füllen die Abendnachrichten, und viele Mailänder reiben sich erstaunt die Augen. Zwar weiß jeder, dass Korruption weitverbreitet ist, aber erst jetzt kommt heraus, in welchem Ausmaß sie ganz Italien unterwandert. Denn

Tangentopoli – von italienisch »tangente«, Schmiergeld – ist ein Begriff, mit dem die italienische Presse Mailand bezeichnete.

Mario Chiesa packt aus. Er erzählt dem Staatsanwalt **Antonio Di Pietro** vom Zehn-Prozent-System, das in Mailand gang und gäbe ist. Für jeden öffentlichen Auftrag müssen Unternehmer Schmiergeld zahlen: zehn Prozent der Auftragssumme. Das Geld wird gemäß einem ausgeklügelten Verteilungsschlüssel unter den beiden regierenden Parteien, Christdemokraten und Sozialisten, aufgeteilt, aber um das System nicht auffliegen zu lassen, bekommen auch die meisten anderen Parteien, von den Kommunisten bis zu den Republikanern, ihren Anteil.

Antonio Di Pietro frohlockt. Er vermutet so etwas schon seit Langem. Immer wieder hat die Mailänder Staatsanwaltschaft anonyme Briefe erhalten, in denen sich Kleinunternehmer darüber beklagten. Doch nun hat Di Pietro endlich einen Geständigen. Der temperamentvolle Ermittler mit süditalienischen Wurzeln verliert keine Zeit: Er leitet Ermittlungen gegen jeden ein, den Chiesa nennt, lässt die Herren vorladen, verhören und hat bald darauf bereits die nächste Liste mit Verdächtigen in der Hand. Es ist ein Schneeballsystem von gigantischem Ausmaß.

Aber nach wenigen Wochen geht es nicht mehr nur um Mailand, sondern um ganz Italien. Die Ermittlungen führen nach Rom, Neapel, Palermo, in Kleinstädte und Provinznester – das Zehn-Prozent-System existiert überall. Antonio Di Pietro, der mit **Gherardo Colombo** und **Piercamillo Davigo** zwei weitere unerschrockene und brillante Staatsanwälte an seiner Seite hat, kümmert sich nicht um Titel, Ämter und Positionen. Er nimmt einflussreiche Politiker, Regierungsmitglieder, Topmanager und schwerreiche Industrielle fest, die sich zunächst für unschuldig erklären, dann aber unter der Last der Beweise und der donnernden Rhetorik des Staatsanwalts zusammenbrechen. Die Prozesse werden live im Fernsehen übertragen und führen zu empörten Reaktionen. Sozialistenchef **Bettino Craxi** wird vor dem Palazzo di Giustizia mit Geldmünzen beworfen, er flieht 1993 nach Tunesien, um einer Haftstrafe zu entgehen. Sein Prozess und die Verfahren gegen weitere ranghohe Regierungspolitiker dauern Jahre. Die meisten werden später eingestellt, oder die Haftstrafe wird in letzter Instanz aufgehoben. Von den mehr als 6000 Personen, gegen die ermittelt wird, landen nur wenige tatsächlich im Gefängnis. Craxi, der mit insgesamt fast 30 Jahren Haft die höchste Strafe erhält, stirbt 2000 im tunesischen Exil.

> Die Hälfte des Mailänder Stadtrates kommt in Untersuchungshaft, der Bürgermeister legt sein Amt nieder.

ÜBERNACHTEN

*Ob in altehrwürdigen Nobelherbergen, stylishen Desgin-
hotels oder schnuckeligen Pensionen – in Mailand kann
man aufs Angenehmste logieren.*

DESIGNHOTELS

Modern und luxuriös
Boscolo Milano D5
Die Lage verpflichtet, denn dieses von der Eingangslounge bis
zum Badezimmer perfekt durchgestylte Designhotel liegt mitten im Modeviertel. Der ultramoderne SPA-Bereich ist einer
der größten in ganz Mailand und bis Mitternacht geöffnet. Ein
ausgeklügeltes Beleuchtungssystem mit sanften Blautönen verwandelt die Schwimmbecken und den Liegebereich in eine
sphärenhafte Badelandschaft. Das hoteleigene Restaurant ist
rund um die Uhr geöffnet.
Modekarrée | Corso Matteotti 4–6 | Metro: San Babila | Tel. 02/77 67
96 11 | www.uniqhotels.com/boscolo-milano | 154 Zimmer | €€€€

In Messenähe
The Hub nordwestl. A1
Acht Kilometer vom Stadtzentrum entfernt und mit einem
Shuttleservice an die Metrohaltestelle Molino Dorino und die
Bahnstation Mailand-Certosa angebunden, ist dieses Wolken-
kratzerhotel einladender, als es von außen scheint. Stein, Glas
und Holz sind die bevorzugten Materialien, Kissen, Decken
und Polsterbezüge setzen farbliche Akzente. Nach einem er-
lebnisreichen Tag in der Stadt kann man hier vorzüglich ent-
spannen – bei einem Drink in der Lounge Bar oder im gut
ausgestatteten SPA-Bereich mit zusätzlich buchbaren Beauty-
und Verwöhnarrangements.
Außerhalb (Certosa) | Via Privata Polonia 10 | Metro: Molino Dorino |
Tel. 02/78 62 70 00 | www.thehubhotel.com | 162 Zimmer | €€

Gerade einmal zehn Gehminuten vom Dom entfernt haben drei junge Mailänder 2011 das gesellige bunte Ostello Bello (s. S. 25) eröffnet.

TRADITIONSHÄUSER

Üppiges Frühstücksbüfett
Hotel Berna D3

Was das Preis-Leistungs-Verhältnis betrifft, das beste Hotel in unmittelbarer Nähe des Hauptbahnhofs. Die ruhige Seitenstraße garantiert ungestörte Nachtruhe. Die Zimmer in der preisgünstigsten der vier Kategorien sind klein, aber kuschelig. Die Einrichtung im gesamten Haus ist gutbürgerlich mit ockerfarbenen Wänden und Stoffen, goldfarbenen Türklinken und weißen Badezimmern. Sensationell ist das reichhaltige Frühstücksbüfett, das wirklich keine Wünsche offen lässt.

Bahnhof | Via Napo Torriani 18 | Metro: Stazione Centrale | Tel. 02/94 75 57 05 | www.hotelberna.com | 116 Zimmer | €€

Freundlich und einladend
Antica Locanda dei Mercanti D5

Ein Blumenstrauß auf dem Zimmer zur Begrüßung – die herzliche Atmosphäre würde man gar nicht vermuten hinter der strengen Fassade eines Stadtpalais aus dem 17. Jahrhundert. Das Hotel liegt im 2. Stock, sehr zentral, aber ruhig, da in einer

Seitenstraße. Die hellen Zimmer verschiedener Preiskategorien sind dezent und klassisch eingerichtet, jedes etwas anders. Die besten sind die mit begrünter Privatterrasse.

Zentrum | Via San Tommaso 6 | Metro: Cairoli | Tel. 02/8 05 40 80 | www. locanda.it | 15 Zimmer | €€–€€€

KLEIN UND FAMILIÄR

Romantisch und verträumt
Antica Locanda Solferino D4

Ein kleines Schmuckstück im ehemaligen Künstlerviertel Brera. Französisches Flair, Vintagemöbel, morgens bekommt man Frühstück, samt Zeitung, ins Zimmer serviert. Hier quartieren sich gerne Journalistinnen während der Modewoche ein. Vorausbuchen, die elf Zimmer sind sehr gefragt.

Brera | Via Castelfidardo 2 | Metro: Moscova | Tel. 02/6 57 01 29 | www. anticalocandasolferino.it | 11 Zimmer | €€€

Fin-de-siècle-Charme
La Locanda del Pino F4

Im Multikulti-Distrikt nahe der Porta Venezia versteckt sich diese kleine Pension. Die fünf Zimmer und das Apartment sind mit Möbeln aus dem 16. Jahrhundert eingerichtet. Den Stil muss man mögen.

Porta Venezia | Via Melzo 28 | Metro: Porta Venezia | Tel. 02/36 55 70 74 | www.locandadelpino.it | 5 Zimmer | €€

Ausflug in die 20er-Jahre
B & B Porta Tosa östl. F6

Leider hat dieses entzückende B & B bei der Porta Vittoria im Moment nur ein Doppel- und ein Einzelzimmer. Wer aber das Glück hat, eines davon zu ergattern, lernt eine kleine Mailänder Villa aus den 1920er-Jahren von innen kennen. Bestens erhalten sind die schönen Stuckdecken und die Bodenfliesen mit geometrischen Dekors. Die zwei Zimmer haben helle Parkettböden und sind sehr gemütlich eingerichtet. Vom Frühstückszimmer blickt man auf den winzigen Garten. Ein Stockwerk höher wohnen die Besitzer. Mit Bus und Straßenbahn ist man in 30 Min. am Domplatz.

Bei Porta Romana (etwas außerhalb) | Via A. Grasselli 11 | Straßenbahn: Corsica-Lomellina | Tel. 02/39 54 65 03 | www.portatosa.it | €€

UNKOMPLIZIERT

Nördlich des Hauptbahnhofs
Isola Apartments D2
Hier wohnt man im Herzen des interessanten Isola-Viertels und in unmittelbarer Nachbarschaft zum renommierten Jazzclub Blue Note. Das Apartmenthaus hat keine durchgängigen Rezeptionszeiten und ist besser per E-Mail als telefonisch zu erreichen. Die Standardvariante besteht aus getrenntem Wohn- und Schlafbereich plus Kochnische und Bad. Im Deluxe-Apartment führt eine Wendeltreppe in den mit einem Doppelbett ausgestatteten Oberbereich.

Isola | Via Pastrengo 1 | Metro: Garibaldi | Tel. 02/6 88 80 58 | www. isolapartments.com | 6 Apartments | €€

Zentral und günstig
Ostello Bello C6
Die Zeiten, in denen Sie in Jugendherbergen übernachtet haben, sind eigentlich vorbei? Hier geht es nicht in erster Linie darum, möglichst preiswert zu übernachten, sondern ein Mailänder Phänomen zu erleben. Drei junge Leute haben sich nach vielen Reisen durch Europa und um die Welt zusammengetan, um auch in Mailand eine Jugendherberge zu eröffnen, in der man gerne absteigt. Neben Schlafsaalbetten gibt es auch 2-, 3- oder 4-Bett-Zimmer mit Bad. Die nette Art der Betreiber lockt auch viele Mailänder auf einen Drink in die für Gäste rund um die Uhr geöffnete Bar. Die Lage mitten im Zentrum ist einmalig.

Zentrum | Via Medici 4 | Metro: Cordusio | Tel. 02/36 58 27 20 | www. ostellobello.com | 50 Betten | €

KUNST UND KULTUR

*Die Scala ist Mailands Glanzlicht. Der Premierenabend ist
fast so wichtig wie ein Staatsempfang. Aber die Stadt bietet
weit mehr als nur Oper.*

Klassische Musik, Oper und Ballett

Oper bedeutet in Mailand Scala. Das Opernhaus »Teatro alla
Scala« ist das kulturelle Aushängeschild der Stadt. 2030 Zuschauer haben in der Scala Platz, darunter auch auf preisgüns-
tigeren Stehplätzen, wo vor allem die lokalen Opernkenner mit
tosendem Beifall oder Buh-Rufen ihre Meinung kundtun.

Im Zweiten Weltkrieg wurde die Scala komplett zerstört
und nach Kriegsende in Rekordzeit wiederaufgebaut – für die
Mailänder hatte das Opernhaus absolute Priorität. **Arturo
Toscanini** dirigierte die Wiedereröffnung am 11. Mai 1946
und verhalf der Scala zu Weltruhm. Und noch eine ganz Große
ihrer Zunft fühlte sich in der Scala fast wie zu Hause und wurden von den Mailändern kurzerhand adoptiert: **Maria Callas**,
die gebürtige Griechin und einer der bekanntesten Opernstars
der Welt. Für ihre Arien wählte sie immer eine ganz bestimmte
Stelle auf der Bühne, von der ihre Stimme auch bis zu den hin-
tersten Rängen flog, den »Callas-Punkt«. Auf dem Programm
stehen heute neben Opern auch klassische Musikkonzerte und
Ballett, wobei Letzteres dank »hausgemachter« Talente ebenfalls Weltrang hat.

Ein Besuch in der Scala ist ein Ausflug in das Herz des bürgerlichen Kulturbetriebs der Stadt. Nach der Sanierung 2001
bis 2004 durch den Schweizer Architekten **Mario Botta** steckt
hinter der neoklassizistischen Fassade nun modernste Bühnentechnik und eine raffinierte Drehbühne. Im Loggione gibt
es seitdem nur noch 140 Stehplätze, für die man sich Karten
durch stundenlanges Schlangestehen und eine recht undurch-
sichtige Prozedur ergattern muss. Es gibt auch Opernauffüh-
rungen speziell für Kinder. Neben diesem Fixstern ist das **Sin-**

Der Zuschauerraum des Teatro alla Scala (s. S. 152) ist ein Traum aus Rot und Gold und fasst – die Stehplätze eingerechnet – exakt 2030 Plätze.

fonieorchester **Giuseppe Verdi** ein weiteres Glanzlicht, seine Spielstätte, das **Auditorium Mahler**, hat eine ausgezeichnete Akustik. Mailand zieht auch Gastspiele hervorragender Ensembles aus der ganzen Welt an.

Theaterszene

Als »längst nicht mehr so innovativ wie zu den Zeiten von Giorgio Strehler« geißelt **Gottfried Wagner**, Urenkel von Richard Wagner und das *enfant terrible* der Familie Wagner, Mailands Theaterszene. Seit 1993 lebt er als Kulturschaffender im Hinterland von Mailand und beobachtet sehr genau, was in der Metropole kulturell stattfindet. Die Theaterlandschaft hat sich vor allem im Zuge der Einsparungen während der Regierungsjahre von Silvio Berlusconi gewandelt, wandeln müssen. Doch das heißt nicht, das alles schlechter geworden ist. Eben anders. Der Publikumsgeschmack spielt eine größere Rolle und hat beispielsweise das **Teatro agli Arcimboldi** veranlasst, neben gefragten Musikern und Einzelkünstlern auch internationale Shows und Musicals ins Programm aufzunehmen.

Kunstströmung: Futurismus

Der junge Jurist und Dichter **Filippo Tommaso Marinetti** veröffentlichte 1909 in der französischen Zeitung »Le Figaro« sein futuristisches Manifest, das mit der christlichen Moral und dem künstlerischen Ruhm der italienischen Vergangenheit abrechnete und eine radikal neue Kunstrichtung schaffen wollte. Ab 1910 veranstaltete Marinetti in ganz Norditalien seine öffentlichen »futuristischen Abende«, die er nur dann als Erfolg bezeichnete, wenn sie in einem Tumult endeten und polizeilich aufgelöst wurden. Die 1911 in Mailand gestartete Wanderausstellung mit futuristisch inspirierten Kunstwerken fand auch in Paris, London, Berlin, Brüssel, Budapest und anderen europäischen Metropolen Beachtung. Eine Ikone des Futurismus ist die Plastik »Einzigartige Formen der Kontinuität im Raum« von **Umberto Boccioni**, sie ziert heute die italienische 20-Cent-Münze.

Der Erste Weltkrieg, in den die Futuristen mit großer Begeisterung zogen, brachte der Kunstrichtung deutliche Verluste ein, viele Vertreter fielen oder wurden verwundet. Die politische Ausrichtung der Bewegung wurde immer wichtiger, und 1919 verschmolz die von Marinetti gegründete Futuristische Partei mit den »Fasci«, den faschistischen Schlägertrupps des späteren italienischen Diktators Benito Mussolini.

Architektonisch näherten sich der Futurismus und der Rationalismus immer weiter an. Ein imposantes Beispiel dafür ist die monumentale **Stazione Centrale**, der Mailänder Hauptbahnhof, aus dem Jahr 1931. Wie kein anderes Bauwerk steht er für die Leitmotive der Futuristen: Schnelligkeit, Bewegung und eine gewisse Dringlichkeit. Gemälde der Futuristen sind vor allem im **Museo del Novecento** ausgestellt.

Neue Musik: Hauptsache elektronisch

Dance, Hip-Hop, Trap, Pop-Rap sind nur einige der Unterbezeichnungen für das breite Spektrum an elektronischer Musik, die in Mailand kreiert und produziert wird. Nicht nur für den musikalischen Underground, sondern auch fürs breite Publikum. Rapper mit den Künstlernamen **Guè Pequeno**, **Fedez**,

Marracash Ghali, **Mahmood** und **Sfera Ebbasta** singen auf Italienisch, landen regelmäßig in den Top-Charts, und ihre Konzerte sind schnell ausverkauft. Fast alle stammen aus bescheidenen Verhältnissen, haben Eltern, die auf der Suche nach Arbeit aus Süditalien oder Afrika nach Mailand kamen, und schreiben persönliche und sozialkritische Texte.

Prägende Persönlichkeit: Giorgio Strehler

Seine Bertolt-Brecht-Inszenierungen machten den streitbaren Theater- und Opernregisseur auf einen Schlag berühmt. Und mit ihm das **Piccolo Teatro**, das er gemeinsam mit **Paolo Grassi** 1947 in einem alten Kino als erstes Theater mit festem Ensemble in Mailand gründete.

Bald schon kam die gesamte Theaterelite Europas nach Mailand, um Strehlers Shakespeare-Interpretationen zu sehen. Strehler beschäftigte sich auch intensiv mit der italienischen Theaterkultur der Commedia dell'arte, seine Version von Carlo Goldonis »Diener zweier Herren« gilt als ein Meisterwerk des 20. Jahrhunderts und wird bis heute regelmäßig am Piccolo Teatro wiederaufgenommen.

Von 1983 bis 1984 war Strehler Mitglied des Europäischen Parlaments, 1987 wurde er in den italienischen Senat gewählt.

Prägende Persönlichkeit: Giuseppe Verdi

Italiens berühmtester Komponist stammte aus einem armen Elternhaus in der Provinz von Parma. Das Mailänder Konservatorium lehnte ihn als Schüler ab, aber ein Konzertmeister der Scala nahm ihn unter seine Fittiche. Seine Oper »Nabucco« wurde vom Publikum enthusiastisch gefeiert, und ab da lag ihm die Stadt zu Füßen. Als Verdi im Januar 1901 mit 87 Jahren verstarb, folgten fast hunderttausend Menschen seinem Sarg. In seinen letzten Tagen wurden die umliegenden Straßen mit Heu eingestreut, um den Lärm der Kutschen zu mindern und den großen Komponisten nicht zu stören. Wichtige Hinterlassenschaft neben seinen künstlerischen Werken ist die **Casa di riposo Giuseppe Verdi**, ein Seniorenheim für mittellose Künstler der klassischen Musik.

MUSEEN UND GALERIEN

Viele Museen der Stadt wurden in jüngerer Vergangenheit neu konzipiert. Sie präsentieren sich nun modern und in vielen Fällen auch interaktiv.

Alte Meister
Ein Gang durch die italienische Kunstgeschichte mit Meisterwerken aus der Renaissance und Andrea Mantegnas perspektivisch immer wieder verblüffendem Gemälde »Der tote Christus« bietet die **Pinacoteca di Brera** (→ S. 156). In der **Pinacoteca Ambrosiana** (→ S. 73) geben sich Botticelli, Tiepolo, Tizian und Leonardo ein Stelldichein.

Moderne und zeitgenössische Kunst
Vornehmlich italienische Werke aus dem 19. Jahrhundert, darunter Gemälde von Antonio Canova, Andrea Appiani und Francesco Hayez, gibt es in der **Galleria d'Arte Moderna** (→ S. 123) zu bewundern. Das **Museo del Novecento** (→ S. 70) zeigt Werke italienischer Künstler des 20. Jahrhunderts: Stark vertreten sind die Futuristen Umberto Boccioni, Carlo Carrà und Giacomo Balla. Im **Padiglione d'Arte Contemporanea** (→ S. 123) sind spannende Videoinstallationen und schrille Aktionskunst vorwiegend junger, internationaler Künstler zu sehen. Kunstgenuss in ungewöhnlicher Umgebung bietet die **Fondazione Prada** (→ S. 141) in einer von Stararchitekt Rem Koolhaas umgebauten Destillerie aus dem frühen 20. Jahrhundert. Hier gibt es eine ständige Ausstellung, und es finden verschiedene Wechselausstellungen statt.

Naturwissenschaft und Technik
Die Stars unter den Exponaten im Naturkundemuseum **Museo Civico di Storia Naturale** (→ S. 122) sind eindeutig die Dinosaurierskelette, unter anderem das eines Baby-Dinos. Das **Museo Nazionale della Scienza e della Tecnica** (→ S. 182) ist

Skulpturen großer Denker bevölkern den Innenhof der Pinacoteca Ambrosiana (s. S. 73). In ihren Ausstellungen ist Kunst des 14. bis frühen 20. Jh. zu sehen.

Italiens größtes Technik- und Wissenschaftsmuseum. Seine mehr als 16 000 Ausstellungsstücke sind im ehemaligen Kloster San Vittore untergebracht und dem Universalgenie Leonardo da Vinci gewidmet.

Industriekultur und Design

In diesem Bereich hat die Stadt besonders viel zu bieten. In der **Fabbrica del Vapore** (→ S. 97), wo einst Dampfloks und Straßenbahnen gebaut wurden, finden heute Kunstausstellungen und Festivals statt. Das sanierte Fabrikgelände ist riesig und zu einem kulturellen Anziehungspunkt für die ganze Stadt geworden. Der Geschichte des italienischen Designs mit Gegenständen von Marco Zanuso, Ettore Sottsass und vielen anderen namhaften Designern ist das **Triennale Design Museum** (→ S. 91) gewidmet. Im **Studio Museo Achille Castiglioni** (→ S. 92) erhält man Einblick in die Arbeiten des in Mailand geborenen Industriedesigners. Auch den Werken Vico Magis-

trettis, der den Stuhl »Carimate«, die Straßenleuchte »Lyndon«, den Tisch »Vidun« und weitere Kultobjekte des Industriedesigns geschaffen hat, ist ein Museum gewidmet, die **Fondazione Vico Magistretti** (→ S. 125).

Sakrale Kunst

Sakralkunst von außergewöhnlicher Qualität und Vielfalt ist natürlich in den vielen Mailänder Kirchen zu bewundern, aber es gibt sie auch im Museum. Werke aus allen Jahrhunderten, darunter die eindrucksvolle, am Kreuz Christi kniende »Magdalena« (1827) von Francesco Hayez, bietet das **Museo Diocesano** (→ S. 177).

Spezielle Museen

In den **Armani Silos** (→ S. 172) sind Entwürfe und Kollektionen des legendären Mailänder Modeschöpfers in einem umgebauten Getreidesilo zu sehen. Im **Museo dei bambini (MUBA)** (→ S. 137) lassen sich Werke berühmter Künstler, Designer und Fotografen interaktiv erleben, mit vielen Dingen zum Ausprobieren und Spielen, auch für die Kleinsten. Bühnenbilder, Kostüme, Büsten, Noten- und Librettomanuskripte für Opernfans bietet das **Museo Teatrale della Scala** (→ S. 153). Der Wohnpalast des stilbewussten Mailänder Nähmaschinenfabrikanten Ambrogio Necchi führt vor Augen, was möglich ist, wenn man auf Geld keine Rücksicht nehmen muss. Die Originaleinrichtung seiner **Villa Necchi Campiglio** (→ S. 195) stammt aus den 1930er-Jahren. Alles über den großen Mailänder Schriftsteller Alessandro Manzoni kann man im **Museo Manzoniano** (→ S. 155) bewundern, der mit seinem Roman »Promessi Sposi« (»Die Brautleute«) über ein Liebespaar zur Zeit der großen Pestepidemie in der Mitte des 17. Jahrhunderts berühmt wurde.

Das mit 3 kg Blattgold überzogene »Haunted House« der Fondazione Prada (s. S. 141) bietet zeitgenössischer Kunst und Kultur einen spektakulären Rahmen.

ABENDGESTALTUNG

Tagsüber wird in Mailand viel gearbeitet und abends das verdiente Geld verprasst – und es ist garantiert für jeden Geschmack etwas dabei.

BARS UND CLUBS

Klein, aber oho
Eppol Milano F4
Seit 2015 ist diese raffinierte und doch gemütliche Loungebar eine Anlaufstelle für alle, die Musik (ausgewählte Playlists kann man sich auf der Homepage herunterladen), Gegenwartskunst und gut gemixte Cocktails lieben.
Porta Venezia | Via Marcello Malpighi 7 | Metro: Porta Venezia | Tel. 02/32 00 26 65 60 | eppolmilano.com | €€

Jazz vom Feinsten
Blue Note D2
Mit 350 Konzerten pro Jahr ist das Blue Note, Ableger des weltberühmten New Yorker Jazzclubs, ein Highlight im Mailänder Nachtleben. Zwei Auftritte italienischer und internationaler Stars pro Abend von Dienstag bis Samstag, wobei nicht nur Jazzgrößen, sondern auch Vertreter von Soul, Blues und anderen Musikrichtungen Gelegenheit bekommen, im Ambiente eines internationalen Clubs aufzutreten. Das Restaurant und die Bar mit mehr als 200 Cocktails lassen keine Wünsche offen.
Isola | Via Pietro Borsieri 37 | Metro: Garibaldi | Tel. 02/69 01 68 88 | www.bluenotemilano.com | €€-€€€

Livekonzerte und DJ-Sets
Fabrique östl. F8
Mailands modernster Musiktempel mit Platz für bis zu 2300 Zuschauer. Hochkarätiges Programm aus Elektro-, Rock- und Popmusik mit Livekonzerten italienischer und internatio-

naler Stars und DJ-Sets zur Musik der 80er- oder 90er-Jahre, die jeden zum Tanzen bringen.

Fabrique Milano | Via Fantoli 9 | Tel. 02/58 01 81 97 | www.fabrique milano.it | €€

THEATER

Interessante Inszenierungen in einer Kultstätte
Piccolo Teatro D5 und C4
Il Piccolo ist eine Institution in Italiens Theaterszene. Gegründet von Giorgio Strehler und Paolo Grassi 1947, hat es heute drei Spielstätten. Historischer Hauptsitz ist der prächtige Palazzo Carmagnola zwischen Dom und Castello Sforzesco mit sehr schönem Café im Innenhof. Im Teatro Giorgio Strehler in Brera finden auch Konzerte und Kinofestivals statt. Das ebenfalls in Brera in einem wunderschönen Theater aus dem 18. Jahrhundert untergebrachte, kleinere Teatro Studio Melato ist der Schauspielerin Mariangela Melato gewidmet und wird vor allem als Bühne für Monologe, Nachwuchskünstler und als Experimentierstätte genutzt.

Teatro Grassi | Brera | Via Rovello 2 | Metro: Cordusio
Teatro Strehler & Teatro Studio | Brera | Via Rivoli 6 | Metro: Lanza
Tel. 02/42 41 18 89 | www.piccoloteatro.org | €€–€€€

Die Avantgarde-Bühne
Triennale Milano Teatro C4
1974 unter dem Namen CRT »Centro di Ricerca per il Teatro«, Forschungszentrum für das Theater, gegründet, bleibt diese Bühne auch nach ihrem Zusammenschluss mit dem Designmuseum Triennale ein Garant für überraschende Inszenierungen. Die interdisziplinäre Ausrichtung verbindet darstellende Kunst, modernen Tanz und Musik mit Design, Architektur und Mode und macht auch vor digitalen und elektronischen Künsten nicht halt.

Sempione | Via Emilio Alemagna 6 | Metro: Cadorna | Tel. 02/72 43 42 58 | www.triennale.org | €–€€

Der Ingenieur und Unternehmer Ernesto Breda, Dritter von rechts, forcierte im 19. Jh. die Entwicklung Mailands zur Industriemetropole Norditaliens.

INDUSTRIEBRACHEN ZU KULTURZENTREN

Mit Volldampf in den Strukturwandel

1886 errichtete **Ernesto Breda** in Mailand eine Fabrik zum Bau von Dampflokomotiven, damals eine der größten Europas. Arbeitskraft wurde gebraucht, und junge Männer aus den bäuerlich geprägten Dörfern der Poebene drängten an die Fließbänder. Doch es waren viel zu wenige, und so kamen auch immer mehr Süditaliener nach Mailand. Mit ihren *valigie di cartone* (Pappkoffern) trafen die Arbeitsuchenden am Hauptbahnhof ein und wurden sofort von Vermittlern abgefangen, um Verträge an Ort und Stelle abzuschließen. Mailands Einwohnerzahl schoss in die Höhe, die Stadt veränderte ihr Gesicht. Denn all diese Menschen brauchten Wohnraum, und so wurden in aller Eile Hochhäuser und Wohnblöcke hochgezogen, sogar ganze Straßenzüge und Viertel wie in den 1950er-Jahren das Viertel QT4.

Adriano Celentano beschreibt diese rasante Entwicklung in seinem melancholischen Lied »Il Ragazzo della Via Gluck« von 1966. Darin wundert sich ein Mann, der nach vielen Jahren nach Mailand zurückkehrt und die Stadt mit der Stadt vergleicht, in der er Kind war. Er erkennt sie kaum wieder, weil überall neue Häuser, Straßen und Siedlungen entstanden sind. »Sie werden bauen bis ans Ende unserer Tage und auch noch danach« singt Celentano, der selbst in der Via Gluck in Mailands Norden aufgewachsen ist.

Im Zuge der Krise der Industrieproduktion hatte dieser ungezügelte Bauboom in den 80er- und 90er-Jahren des vergangenen Jahrhunderts ein Ende. Die Konkurrenzfähigkeit Italiens im Vergleich zu Deutschland und Frankreich sank dramatisch, und die Auslagerung der Produktion in Billiglohnländer nahm ihren Anfang. Statt neue Arbeiter einzustellen wurden immer mehr entlassen. Die **Wirtschaftslokomotive** des Landes kam ins Stottern.

> Die Gewerkschaften reagierten auf die Verlagerung der Produktion mit Streiks und Werksbesetzungen, ausländische Investoren zogen sich zurück.

Glücklicherweise war Mailand seit jeher auch ein Bezugspunkt für die Welt der Kunst, des Theaters und der Literatur. Kultur war und wird in Mailand als etwas Dynamisches verstanden, als etwas, das sich weiterentwickelt. Die künstlerische **Avantgarde** findet in Mailand mehr Impulse als in Italiens typischen Kulturstädten Florenz oder Rom, wo die Vergangenheit allgegenwärtig ist. So war es nur eine Frage der Zeit, bis die Industriebrachen von Kulturschaffenden Stück für Stück in Beschlag genommen wurden.

Mailands Strukturwandel dauert immer noch an, aber dank der Weltausstellung 2015 hat er an Schwung gewonnen. Ehemalige Randbezirke wie **Isola** sind heute zu pulsierenden Zentren in der Stadt geworden, unzählige Depots und Lagerhallen wurden in Lofts zum Wohnen und Arbeiten verwandelt, in Clubs, Restaurants und Bars. Bredas alte Fabrik für Dampfloks ist heute ein riesiges Ausstellungsareal und Sitz verschiedener Kulturvereine, Theatergruppen und Forum für neue digitale Kunstformen. **Fabbrica del Vapore** (Dampffabrik) heißt das Kulturareal nicht ohne Grund, denn auf ihre Fabriken sind die Mailänder nach wie vor stolz.

AKTIVITÄTEN IN DER STADT

Verpassen Sie es nicht, Mailand aktiv zu entdecken. Egal ob Sie sportlich veranlagt sind oder künstlerisch, hier finden Sie die richtigen Empfehlungen.

1 MERIAN EMPFEHLUNG

Mit dem Fahrrad entlang der antiken Kanäle

Ob entlang des **Naviglio Pavese** Richtung Süden oder des **Naviglio della Martesana** nach Osten, hier lässt sich unbeschwert radeln. Nur vereinzelt müssen Straßen überquert werden. Die kleinen Ortschaften sind vom Tourismus weitgehend unberührt. Ein schönes Ziel ist **Gorgonzola**, nach dem Ort ist der berühmte Käse benannt. Wer noch Kraft hat, radelt bis **Cassano d'Adda**, wo die **Villa Borromeo** aus dem 17. Jahrhundert einen Blick über den Fahrradlenker lohnt. Streckenvorschläge in und um Mailand unter www.bici.milano.it.

Joggen auf Mailands Hausberg westl. A2

Den 54 Meter hohen **Monte Stella** Berg zu nennen ist eine ziemliche Übertreibung, aber die Mailänder haben einen Kompromiss gefunden: Montagnetta (kleines Gebirge) nennen sie ihn. Auf nicht asphaltierten Wegen geht es mal hoch, mal runter. Der Monte Stella ist keine natürliche Erhebung, sondern von Menschenhand geschaffen. Das Projekt stammt von Piero Bottoni, das Baumaterial aus Kriegsschutt und der Name von Bottonis Tochter Stella.

Die Kunst der Gravur erlernen B7

Mitten im Ausgehviertel an den Navigli lebt und arbeitet der Künstler Gigi Pedroli. Seine Bilder sind surreal und farbenfroh, seine Skulpturen von runder, handschmeichelnder Form,

Der Monte Stella wurde in den 1950er-Jahren aus dem Bauschutt infolge der Zerstörungen des Zweiten Weltkriegs aufgeschüttet.

seine Fenstermosaike verspielt. Pedroli ist auch ein Meister der Gravur und hat ein Zentrum für die Kunst des Gravierens gegründet, wo er diese alte Kunstform weitergibt.

Navigli | Alzaia Naviglio Grande 46 | Metro: Porta Genova | Tel. 02/58 11 26 21 | www.gigipedroli.it | Di–Sa 16–19 Uhr

Ein Sonntag auf der Galopprennbahn westl. A3

Mailands historische Galopprennbahn von 1925 wird jeden Sonntag von Heerscharen von Zuschauern mit Tippschein in der Hand besucht. Wer zwischen erhitzten Vollblütern und aufgeregten Jockeys nicht selbst Lust bekommt, sein Glück zu versuchen, ist hier falsch. Denn natürlich dreht sich alles darum, ob Blue Velvet oder Jolly Jumper als Erster ins Ziel stürmt.

San Siro | Piazzale dello Sport 16 | Metro: Lotto | www.ippodronomilano.it

Baden wie im alten Rom: QC Terme E7

Wer über die Schwelle dieser im Stil römischer Thermen gestalteten Wellnessoase tritt, lässt den Lärm der Großstadt hinter sich. Saunen, Whirlpools, Ruheräume mit kostenlosen Snacks und Obst. Zum Abschluss eine Massage – und man fühlt sich wie neu geboren.

Porta Romana | Piazzale Medaglie d'Oro 2 | Metro: Porta Romana | Tel. 02/55 19 93 67 | www.qcterme.com/it/milano | Tageseintritt 45 €

FESTKALENDER

Januar
Dreikönigstag
Am Dreikönigstag zieht eine Prozession vom Dom zur Dominikanerkirche Sant'Eustorgio, deren Glockenturm mit 80 m der höchste der Stadt ist.
6. Januar

Februar
Milano Moda Donna
Die ganze Stadt wird zum Catwalk. Italienische und internationale Modeschöpfer wechseln sich ab mit Modeschauen, Präsentationen und zahlreichen Cocktailpartys. Gezeigt werden die Kollektionen für das folgende Jahr.
Mitte Februar | www.cameramoda.it

Karneval
Nach dem ambrosianischen Kirchenkalender endet Karneval erst am Samstag nach Aschermittwoch, dem »sabato grasso«, mit einem großen Festumzug. Der Legende nach verlängerten die Mailänder den Karneval, als Bischof Ambrosius von einer Pilgerreise nicht rechtzeitig zurückkehrte, um die Fastenzeit einzuleiten.
Ende Februar

März
El Tredezin de Marz
Frühlingsfest heidnischen Ursprungs im Porta-Romana-Viertel. Rund um die Piazza Medaglie d'Oro und die Kirche Sant'Andrea werden Blumenstände aufgestellt, Kulturvereine und Laienspieler organisieren Darbietungen, es gibt auch ein reiches Kinderprogramm.
Sonntag Mitte März

Stramilano
Marathonlauf mitten durch die Stadt. Die Mailänder stehen einerseits zu Tausenden am Straßenrand und schauen zu, andererseits ärgern sie sich furchtbar über all die Absperrungen und Umfahrungen, die der Volkslauf mit sich bringt. Der Hauptlauf wird als Halbmarathon ausgetragen, daneben stehen Strecken über 10 km und 5 km auf dem Programm.
Letztes Märzwochenende | www.stramilano.it

Diese drei in sakrale Gewänder gekleideten Herren erinnern an den christlichen Ursprung des Karnevals, der in Mailand länger dauert als anderswo.

April
Salone del mobile

Viel mehr als eine Möbelmesse! Eine Woche lang verwandelt sich Mailand in das Mekka des Designs. Rund 300 000 Besucher zieht dieses Megaevent an, auch wegen des reichen Rahmenprogramms. An die 1000 kostenlose und öffentliche Veranstaltungen, dazu Aperitifs und Partys.

Ende April | www.salonemilano.it

Mai
Festival des afrikanischen Films

Dieses Festival hat inzwischen auch asiatische und südamerikanische Produktionen in sein Programm aufgenommen. Die Filme werden in verschiedenen Kinos der Stadt in Originalsprache mit englischen Untertiteln gezeigt. Dazu gibt es Treffen mit Regisseuren und Schauspielern, Ethnofood und eine glamouröse Preisverleihung.

Erste Maiwoche | www.festival cinemaafricano.org

Juni
Notte Bianca

Eine weiße Nacht ist eine Nacht ohne Schlaf, und in dieser Nacht schläft Mailand garantiert nicht. Museen sind durchgehend geöffnet, Theater bieten Nachtvorstellungen.

Wochenende im Juni | www.face book.com/NotteBiancaMilano.it

Juni/Juli
Milano Summer Festival
Vollblutrocker statt Vollblut-
pferde – in der heißesten Zeit
des Jahres wird die Galopprennbahn in San Siro zu einer
großen Bühne. Zu sehen sind
italienische, aber auch internationale Stars.
Mitte Juni bis Ende Juli | www.
milanosummerfestival.it

September
Musikfestival MiTo
Mailand und Turin (Milano-
Torino) tun sich für 18 Tage
zusammen und bieten klassische Musik in all ihren Facet-
ten, zu teilweise niedrigen
Eintrittspreisen und an ungewöhnlichen Spielorten wie
dem Dom. Das Konzept geht
auf, wie die steigenden Besu-
cherzahlen beweisen.
Erste Septemberhälfte | www.
mitosettembremusica.it

Oktober
Milano Filmfestival
Indie-Kino statt Hollywood-
reißer: Dieses Festival bietet
experimentellen Filmema-
chern aus aller Welt eine
Plattform. Zu sehen sind die
Produktionen nicht nur in
den Lichtspieltheatern, sondern auch auf verschiedenen
Plätzen der Stadt. Dazu viele
Workshops, Konferenzen
und Treffen mit Regisseuren
und Schauspielern.
Erste Oktoberwoche | www.mila-
nofilmfestival.it

November
The Milan Coffee Festival
Keine Fachmesse, sondern
ein Event für alle Kaffeelieb-
haber. Die großen Espresso-
marken geben sich ein Stelldichein, bieten Verkostungen
und Workshops an, mit Italiens bekanntesten Baristas
und Röstmeistern.
Letzte Novemberwoche | www.
milancoffeefestival.com

Dezember
Oh bej oh bej
Mailand feiert seinen Stadtpatron Ambrosius mit einem
Feiertag und dem längsten
bunten Weihnachtsmarkt
»Oh bej, oh bej«. Heißt im
Mailänder Dialekt »wie
schön, wie schön«. 1510 wurde der Markt erstmals rund
um die Basilika aufgebaut,
mittlerweile ist er aus Platz-
gründen auf das Gelände an
der Darsena, dem antiken
Hafenbecken, ausgewichen.
7. Dezember bis zum folgenden
Sonntag

Warum der Panettone Kopfstand macht

Der in Italien so beliebte Panettone ist gebürtiger Mailänder. Streng genommen ist er ein Resterezept, aus der Not geboren. Der Legende nach hat ihn ein Küchenjunge am Hof von Ludovico Sforza erfunden. Kurz vor Weihnachten gab der Herzog ein Festessen. Als krönenden Abschluss hatte der Koch ein ganz besonderes Dessert vorbereitet, das jedoch leider im Ofen verbrannte. Mit dem Mut der Verzweiflung backte der Küchenjunge dann aus den übrig gebliebenen Zutaten probeweise einen Kuchen, den Panettone. In der Not wurde er der adligen Gesellschaft vorgesetzt – und mit Genuss verspeist. Ein voller Erfolg. Traditionell wird der Panettone am Ende des Menüs gegessen, mit den Fingern wohlgemerkt! Dazu trinkt man ein Glas prickelnd süßen Muskatellerwein aus dem Oltrepò Pavese, einem kleinen Anbaugebiet südlich von Pavia in der Lombardei. Bloß keinen Kaffee oder Cappuccino!

Seit einigen Jahren bevölkert der Panettone in der Adventszeit auch die deutschen Supermarktregale. Allerdings haben die industriell hergestellten Panettoni wenig gemein mit den goldgelben Prachtstücken aus Mailänder Traditionskonditoreien wie **Cucchi** oder **Cova**. Der Teig muss luftig sein, darf aber nicht austrocknen. Die Rosinen und kandierten Früchte sollen weich, aber nicht matschig sein.

Um die charakteristische Pilzform hinzubekommen, muss der Panettone nach dem Backen zum Auskühlen über Kopf aufgehängt werden, am besten 24 Stunden lang, sonst fällt er in sich zusammen. In den Mailänder Backstuben gibt es dafür besondere Aufhängvorrichtungen. Sie bieten Panettone übrigens das ganze Jahr an und in allen erdenklichen Varianten. Mit Schokostückchen, Mandeln, Pistazien, glasiert oder mit Füllung. Aber das Original ist am beliebtesten. Und wenn am nächsten Morgen noch etwas übrig ist, dann gibt es süßen Panettone zum Frühstück. Das lieben besonders die Kinder.

Sehr elegant und äußerst lukrativ: Mailands Modeunternehmen haben unlängst die magische Marke von 100 Mrd. Euro Umsatz geknackt.

MODE UND HANDWERK

In Mailand sind die Großen der Modeindustrie nicht nur vertreten, sondern oftmals, wie Giorgio Armani, sogar zu Hause. Neben den klangvollen Namen im Goldenen Karree gibt es auch interessante Labels, die weniger bekannt sind und mehr auf handwerkliche Herstellung setzen. Norditaliens Metropole besticht darüber hinaus mit tollem Design und exquisiten kulinarischen Besonderheiten.

Mode

Der Franzose **Stephan Janson** kam vor mehr als 20 Jahren nach Mailand und vertreibt hier seine Kreationen aus weich fallenden Stoffen. Ein Mix aus Streetwear und Retro-Glamour bietet das neu gegründete Modelabel **Attico** der Fashion-Influencerin **Gilda Ambrosio**. Die bunten Kaftans, Blusen, Kleider und Heimtextilien aus Musselin, Seide und Organza von **Lisa Corti**, die die Farben Afrikas und die Stoffe Indiens nach Mailand gebracht hat, sind wie eine Reise in Tausendundeine Nacht.

Lederwaren

1958 eröffnete **Antonio Piumelli** eine kleine Werkstatt, in der er Handschuhe nähte. Die Mailänderinnen und Mailänder lieben diese Handschuhe bis heute. Inzwischen ist Piumelli eine bekannte Marke für Lederwaren, aber so viel Auswahl wie in der Edelboutique in Mailand gibt es sonst nirgendwo.

Design und Möbel

Mailands Design-Ikonen der 50er- und 60er-Jahre haben würdige Nachfolgerinnen und Nachfolger. **Federica Biasi** zählt zu Italiens neuen Stars und entwirft Sessel, Tische, Stühle, aber auch Vasen, Kosmetikspiegel und bunte Schüsseln für den Haushaltswarenhersteller **Fratelli Guzzini**. Was sich aus Blech- und Eisenresten alles Schönes basteln lässt, zeigte der Designer und Künstler **Gherardo Frassa** bereits vor drei Jahrzehnten. Inzwischen eifern ihm viele nach. **Simona Colombini** baut wunderschöne Möbel aus Sperrholz im Handwerkerviertel Isola. Und die drei Freundinnen **Marcella**, **Cinzia** und **Letizia** machen aus alten Möbeln, Vintage-Unikate.

Kaffee

Frisch geröstete Kaffeebohnen aus verschiedenen Ländern und Anbaugebieten verkauft **Moka Hodeidah** bereits seit 1946. Die ehemalige Kolonialwarenhandlung ist heute eine *bottega storica* (historisches Geschäft), wo man den Kaffee auch am Tresen trinken kann.

Schokolade

Ob als Tafel, Praline, Eis oder flüssig in der Tasse – handgemachte Schokolade ist Trend und wird in Mailand auch ästhetisch zu einem Genuss. So manche Schokoladentorte in den Schaufenstern der **Choco Concept Stores** präsentiert sich mindestens so glamourös wie die Kleider der Fashiondesigner.

STADTBILD

Mailand war, ist und bleibt eine architektonische Spiel-
wiese. Hier fallen neue Ideen auf fruchtbaren Boden, was
andernorts in Italien – das aufgrund seiner großen Zahl an
schützenswerten Baudenkmälern eher konservativ einge-
stellt ist – nicht selbstverständlich ist.

Mailands Postmoderne

Mailand ist Italiens Wiege der Wolkenkratzer, nirgendwo sonst
im Land trauen sich die Architekten, so hoch und modern zu
bauen wie in der Finanz- und Wirtschaftsmetropole. Und
durch den Zuschlag zur Austragung der Weltausstellung **Expo
2015** wurde das »Wettrüsten« der internationalen Architek-
turbüros nochmals befeuert. Weltstars wie **Zaha Hadid**, **Daniel Libeskind**, **César Pelli** oder **Arata Isozaki** haben sich mit
gewagten Entwürfen in der Stadt baulich verewigt. Ob die mit
Bäumen bepflanzten Hochhäuser des Mailänders **Stefano
Boeri**, der zackig in den Himmel ragende **Torre UniCredit**,
das höchste Gebäude in ganz Italien, oder die Türme des komplett neuen Viertels **CityLife** – seit 2011 hat Mailand elf Wolkenkratzer mehr und will weiter hoch hinaus.

Wichtiges architektonisches Erbe: das Pirelli-Hochhaus

Die Mailänder nennen das ehemalige Verwaltungsgebäude des
Reifenherstellers Pirelli »Il Pirellone«, den großen Pirelli. Entworfen vom Mailänder Architekten **Giò Ponti** war es für die
1950er-Jahre ein großer Wurf, weil es sich von der bis dahin in
der internationalen Hochhausarchitektur üblichen Grund-
form des hochstehenden Quaders löste. Stattdessen laufen die
beiden Schmalseiten wie bei einem Schiff spitz zusammen und
geben dem Gebäude eine schwungvolle, elegante Form. Dadurch und durch die durchgehende verglaste Vorhangfassade
wirkt das Gebäude auch heute noch modern und zeitgemäß.
1960 fertiggestellt, wurde es sofort zum Symbol für den erfolg-

Vom Spätmittelalter zur Postmoderne: Blick vom steinernen Dom hinüber zur Skyline von Porta Nuova (s. S. 149) mit ihren Wolkenkratzern aus Stahl und Glas.

reichen Wiederaufbau und die wirtschaftliche Stärke Mailands. Mit 32 Stockwerken und einer Höhe von 127 Metern war es damals das zweithöchste Bauwerk Europas.

Burg: Castello Sforzesco

Mit seinen Wehrtürmen, Zinnen, dem Festungsgraben und der Zugbrücke sieht der Sitz des ehemaligen Herrschers **Francesco Sforza** von außen aus wie eine Trutzburg, die Innenräume sind dagegen prächtig eingerichtet, die Wände mit wertvollen Gemälden und sogar Fresken von Leonardo da Vinci geschmückt. Die Burganlage ist über die Via Dante direkt mit dem Domplatz verbunden. So konnte sich der Herzog bequem zur Messe kutschieren lassen.

Prägender Park

Die **Giardini Indro Montanelli**, die die Mailänder nach wie vor »Giardini pubblici« nennen, sind der beliebteste Stadtpark und vor allem am Wochenende voll mit Freizeitjoggern, Radfahrern, Sonnenanbetern und Familien. Hier gibt es schönen, alten Baumbestand, einen künstlich angelegten See, Kinderkarussells, eine Hundespielwiese und die berühmte **Bar Bianco**, ein perfektes Beispiel für die Bauhausarchitektur in Italien.

Man schleckt ein Eis, trinkt Kaffee, liest Zeitung, legt sich in die Sonne, aber Achtung, anders als sonst üblich ist die *area cani* (Hundebereich) nicht eingezäunt, und die ein oder andere feuchte Schnauze könnte im Picknickkorb landen.

Eintritt nur mit Kind

Giardino della Villa Belgiojoso – dieser wunderschöne, kleine Stadtpark hinter der gleichnamigen Villa, in der die Galleria d'Arte Moderna untergebracht ist, dürfen Erwachsene nur betreten, wenn sie ein Kind begleiten. Und so herrscht hier immer ein bisschen Kindergeburtstagsstimmung. Das Juwel mitten in der Stadt umfasst einen englischen Garten, einen botanischen Lehrpfad, einen Teich und eine Spielwiese.

Self-made-Park

Der **Parco Segantini** entstand 2013 auf Anregung einer Bürgerinitiative. In Zusammenarbeit mit der Stadtverwaltung pflanzten die Bewohner der angrenzenden Viertel auf neun Hektar Land mehr als 100 Bäume, größtenteils Bambus. Die hohen, biegsamen Bambusstämme haben inzwischen ein Labyrinth gebildet, in dem man wunderbar Verstecken spielen kann.

Prägende Persönlichkeit: Stefano Boeri

Er ist heute in etwa das für Mailand, was Giò Ponti in den 1950er- und 1960er-Jahren für die Stadt war, nämlich ein international bekannter Architekt, Professor, Autor und einer, der im politischen Diskurs kein Blatt vor den Mund nimmt. Für den Posten des Bürgermeisters hat er auch schon kandidiert, 2010, aber erfolglos. Womöglich war das architektonisch gesehen ein Glück für Mailand, weil Boeri so die Zeit hatte, seine Vision einer ökologischen Hochhauskultur zu entwickeln, bei der grün wuchernde Natur und verdichteter Großstadtbaustil zusammengehen und etwas grundsätzlich Neues schaffen. **Bosco verticale**, senkrechter Wald, heißt sein fulminantes Projekt, das nach seiner Fertigstellung 2014 auch gleich den Internationalen Hochhauspreis gewann. Es besteht aus zwei Wohntürmen, die in Mailands neuem Geschäftsviertel

Die Statue des lombardischen Freiheitskämpfers Luciano Manara grüßt die Besucher am Eingang der »Giardini pubblici« (s. S. 122), Mailands beliebtestem Park.

Porta Nuova in den Himmel wachsen, 119 Meter und 87 Meter hoch. Das Besondere: Sie bestehen nicht nur aus Stahlbeton, Aluminium und Glas, sondern auch aus 800 Bäumen, 5000 Büschen und 14 000 weiteren Pflanzen. Zusammen kommt dies einer Waldfläche von 20 000 Quadratmetern gleich.

Botanischer Garten Brera

1774 entschied Kaiserin Maria Theresa von Österreich, dass aus dem Garten eines Jesuitenklosters ein Garten für Medizin- und Pharmaziestudierende der Universität als Forschungs- und Anschauungsfeld werden sollte. Zwei Originalwannen und ein Treibhaus aus dem 18. Jahrhundert sind heute noch zu besichtigen. Der Garten ist noch immer so angelegt wie damals und dient heute den Schulen für den praktischen Naturkundeunterricht. Man schnuppert hier also nicht nur den Duft von Kräutern, sondern auch den Hauch der Geschichte. Die beiden Ginkgobäume gehören zu den ältesten in Europa, und die 40 Meter hohe Linde mit ihrer mächtigen Krone spendet an heißen Sommertagen willkommenen Schatten.

CityLife

Drei spektakuläre Wolkenkratzer, von den Stararchitekten **Arata Isozaki**, **Zaha Hadid** und **Daniel Libeskind** entworfen, sind das architektonische Herzstück des komplett neuen Stadtquartiers **CityLife**. Es war das größte städtebauliche Projekt, das Mailand im Zuge der Expo 2015 anstieß, und eine der größten Baustellen Europas. Nachdem die Mailänder Messe nach Rho außerhalb der Stadt verlegt wurde, lagen hier mehr als 300 000 Quadratmeter brach. Sie sind zu einer Vision geworden, die man heute hautnah erleben kann. Die kühne Idee, eine Oase zum Wohnen und Arbeiten zu schaffen, ohne motorisierten Verkehr und den damit verbundenen Lärm und die Abgasbelastung, schien in der Planungsphase kaum praktikabel, wurde aber von den drei Architekten letztendlich hervorragend umgesetzt. Die Lösung: Privatautos, Motorroller oder Lastwagen zur Warenanlieferung gelangen unterirdisch an ihr Ziel, und das Quartier wird durch eine Metrostation angebunden. So bleibt mehr Platz für Grünflächen und Spielstraßen. Gesagt, getan.

Der Shoppingkomplex umfasst 80 Geschäfte, einen Supermarkt, 20 Restaurants und Bars sowie sieben Kinosäle mit 1200 Sitzplätzen.

Heute steigt man an der Haltestelle Tre Torri der Metrolinie 5 aus und fühlt sich in der Zukunft. Und das nicht weit entfernt von Mailands Altstadt mit ihren jahrhundertealten Palazzi und engen mittelalterlichen Gassen! Aber hier spielt eine andere Musik. Hier herrscht Weite. Die drei Bürotürme ragen hoch in die Unendlichkeit, selbst mit in den Nacken gelegtem Kopf ist es nicht möglich, von der **Piazza Tre Torri** aus ihre Spitzen zu erkennen. Der höchste von ihnen ist mit 209 Meter (249 Meter, wenn man die Spitze mit der aufgesetzten Fernmeldeantenne hinzurechnet) der **Allianz-Turm**. Er wird auch »Il Dritto« (Der Gerade) genannt, weil er der klassischen Form mit stürzenden Linien entspricht. Er brachte seinem Erfinder, dem

Der Kameruner Künstler Pascale Marthine Tayou schuf die farbenfrohe Installation »Coloris« im Viertel CityLife, Mailands neuem Wohnquartier.

Japaner Isozaki, beim Emporis Skyscraper Award den dritten Platz ein. An sonnigen Tagen werden seine Fensterfronten zu riesigen Spiegeln – ein toller Effekt für Fotos. Die großen Fensterfronten sind aber auch besonders anfällig für Windeinwirkung, und da es in Mailand durchaus mal stürmt, wird der Turm durch vier Stützpfeiler stabilisiert, die vom Boden bis zur 11. Etage hochwachsen. Die meisten Büros in seinem Innern sind von der Allianz-Gruppe belegt.

Ihm gegenüber steht der **Generali-Turm**, entworfen von der aus dem Irak stammenden Architektin Zaha Hadid. 185 Meter ist er hoch, fertiggestellt wurde er 2017, ein Jahr nach ihrem Tod. Offiziell heißt er Generali-Turm, weil er Sitz dieses italienischen Versicherungsunternehmens ist. Die Mailänder nennen ihn aber »Lo Storto« (Den Verdrehten), was die internationale Architekturszene in »The Twisted One« übersetzt hat. Der optische Effekt des Verdrehtseins kommt zustande, weil jedes seiner 44. Stockwerke leicht gedreht und in seiner Größe verändert ist. Die obere Etage des Turms richtet sich nach der südöstlichen Hauptachse und führt zur Bramante-Kirche Santa Maria della Grazie aus dem 15. Jahrhundert.

Dritter im Bunde ist der **Libeskind-Turm** des US-Amerikaners, der in Berlin das Jüdische Museum baute. »Il Curvo« (Der Krumme) heißt er, weil er leicht vorgebeugt wirkt. Er wurde als Letzter fertig und 2020 PWC Italy als Firmensitz übergeben. Die Mailänder sind mächtig stolz auf diese neue Skyline, die ihre Stadt – Italiens Wirtschafts- und Finanzmetropole wohlgemerkt – jetzt auch architektonisch an Börsenplätze wie beispielsweise Frankfurt annähert.

Zu Füßen der drei Türme liegt der **Shopping District**, ein elegantes Einkaufszentrum mit verschiedenen Geschäften und Restaurants. Hier kann man prima schlendern und shoppen. Das Geldausgeben ist nach dem Geldverdienen ja eine Lieblingsbeschäftigung der Mailänder. Und Fußgänger spielen im Konzept von CityLife die Hauptrolle. 170 000 Quadratmeter misst der **CityLife Park**, der um die drei Türme herum angelegt wurde, mit bewusst nicht schnurgeraden, sondern schlangenförmigen Spazierwegen.

Und dann sind da noch die Wohnsiedlungen, die sich um die Türme herumgruppieren, mit mehr als 600 luxuriös ausgestatteten Wohnungen und Penthouses, alle unterschiedlich geschnitten. Sie sind nach ihren Schöpfern benannt: **Hadid Residences** und **Libeskind Residences**. Hadid wählte eine sanfte Linienführung und gebogene Balkone statt schroffer Kanten, Holzlamellen wurden wie Farbtupfer in die ansonsten weißen Fassaden integriert. Libeskind bevorzugte markantere, asymmetrische Fassaden und eine höhere Form. Wie akribisch beide ihre Arbeit angingen, beweisen die Pläne, die selbst für Türklinken und Steckdosen Zeichnungen enthalten.

Die Big Player der Finanzwelt prägen den CityLife-Komplex: der Allianz-Turm von Arata Isozaki und der Generali-Turm von Zaha Hadid.

KULINARIK

Angeblich haben die Mailänder ja gar keine Zeit zum Essen.
Warum nur haben sie dann so tolle Restaurants?

Kultur des Aperitifs

Das Wichtigste zuerst. Dieser Wahlspruch gilt nicht nur im Geschäftsleben, sondern auch nach Feierabend. Und den läuten die Mailänder gerne mit einem Aperitif in der Bar neben dem Büro ein. Ob nicht alkoholisch mit einem San Bitter oder Crodino oder einem Cocktail, ist egal – Hauptsache man entspannt, lockert die Krawatte und stillt den ersten kleinen Hunger mit leckeren Häppchen, die es gratis dazu gibt. In den angesagten Szenebars wird aus dem Ritual des Aperitifs eine ganze Abendveranstaltung mit einem All-inclusive-Büfett, das die Getränkepreise von 15–20 € rechtfertigt.

Traditionsküche

Die echte Mailänder Küche ist deftig und fleischlastig, denn die Stadt hat weder Meer noch See. Glücklicherweise gibt es sie noch, die Trattorien, wo *ossobuco* (geschmorte Beinscheiben), *cassoeula* (Eintopf mit Rippchen, Schwarte, Schweinsfüßen, Sellerie und Karotten) und *trippa* (Kutteln) serviert werden. Gerade bei der jungen Generation erleben die Traditionsgerichte gerade ein Revival. Sonntags kommt nun wieder *brasato* auf den Tisch, Rinderschmorbraten in Rotweinsauce. Mit gebratener Polenta (Maisgrieß) als Beilage bleibt kein Tropfen der dunklen, aromatischen Sauce auf dem Teller.

China in Mailand

Unter den ausländischen Restaurants sind die chinesischen eindeutig in der Überzahl. Sie bieten oft Mittagsmenüs zu unschlagbar günstigen Preisen (10–15 €) und ziehen damit vor allem Studierende an. Die in den vergangenen Jahren stark gewachsene chinesische Community übernimmt auch immer

Goldgelber Risotto milanese mit Safran, Zucchini und Parmesan ist die lokale Spezialität, zubereitet aus Reis von den Feldern der Umgebung.

mehr italienische Osterien mitsamt Personal und bietet dann sowohl italienische als auch chinesische Gerichte an. Inzwischen gibt es aber auch gehobene Lokale, vor allem in Mailands Chinatown rund um die Via Sarpi.

Basta Pasta

Reis statt Nudeln – hier grenzt sich Mailand ab vom Rest Italiens. Die Lage in der Po-Ebene, wo seit Generationen Reis angebaut wird, hat aus Mailand die Wiege des Risotto gemacht. Ganz typisch ist das goldgelbe Risotto milanese mit Safran. Verwendet wird dafür die rundkörnige Reissorte Carnaroli. Und was für die Pasta gilt, gilt für das Risotto erst recht: sämig, aber nicht matschig soll es sein und *al dente*, bissfest.

Süße Sünde

Klein, aber fein ist das Motto der Konditoreien, die oft auch Kaffeehaus sind. Hier isst man zum Nachmittagsespresso einen mit Schoko- oder Vanillecreme gefüllten Windbeutel in der Größe einer 2-Euro-Münze oder sonst eine süße Köstlichkeit. Die Kinder werden zwischen Schulschluss und Sportaktivität mit einem Spritzgebäckkringel bei Laune gehalten.

Nach der Arbeit kommt der Aperitif

Die Mailänder arbeiten gern und viel. Aber die Pausen sind heilig. Während der Arbeitszeit gibt es keine langen Siestas, sondern kurze Coffeebreaks, um den Blutzuckerspiegel nicht absinken zu lassen. Um Punkt elf trabt die komplette Abteilung zum Espressotrinken in die Bar gegenüber. Dort stehen bereits die Untertassen auf der Theke und – zack-zack! – knallen die Tässchen drauf. Meist wird der Vormittagsespresso *liscio* (schwarz) mit Zucker getrunken. Oder besser: in einem Zug runtergestürzt.

Erst wenn der Arbeitstag endet, tritt Entspannung ein. Oder auch Leere. Was, jetzt nach all der superwichtigen Arbeit und Hektik im Büro, den Körper noch voll mit Adrenalin, einfach so nach Hause fahren? Das geht gar nicht. „Andiamo a prendere un aperitivo" (gehen wir einen Aperitif trinken) lautet darauf die Antwort. Mit den Kollegen oder mit Freunden, die woanders arbeiten und dazustoßen und natürlich auch noch Bekannte mitbringen. Denn die auf den Aperitif spezialisierten Bars bieten nicht nur Kartoffelchips und ein paar Erdnüsse an, sondern türmen neben Häppchen aller Art auch Pasta-, Reis und Couscousberge vor den hungrigen Büromäulern auf. „Aperi-Cena" heißt diese Weiterentwicklung des Rituals, bei dem der Aperitif mit dem Abendessen *(cena)* verschmilzt. So wie aus Breakfast und Lunch ein Brunch wird. Manche Bars nennen das Ganze auch Happy Hour, weil das cooler klingt, aber Achtung: Die Drinks kosten nicht weniger als normal, sondern eher mehr, weil es dazu ja ein Gratis-Büfett gibt, von dem eine komplette Fußballmannschaft satt werden könnte.

> In Windeseile hat sich eine Gruppe von der Größe einer Fußballmannschaft gebildet, mit der klaren Intention, das Büfett der ausgewählten Aperitivo-Bar zu stürmen.

Rund um den **Corso Sempione** dominieren die loungig aufgemachten Bars mit genügend Kissen für eine Kissen

Der Aperol-Spritz und ein paar Häppchen gehören zum Mailänder Lebensgefühl. Erhältlich in allen Bars und Cafés der Stadt.

schlacht. Die gewollt abgerockten Läden findet man an den **Navigli**, die schicken mit viel Chrom und Edelstahl liegen am **Corso Como,** die alternativen in **Isola**, und rund um die **Via Lecco** treffen sich die Freigeister.

Die Intellektuellen bevorzugen die Cafés der Kunstmuseen wie beispielsweise das in der **Triennale**, und die Mailänder, die genug haben vom Ansturm aufs Büfett, gehen in die Traditionsbars **Basso** oder **Camparino** am Domplatz, wo der Aperitif einst erfunden wurde und heute noch so zelebriert wird wie damals. Mit großen grünen Oliven, Parmesankäsewürfeln, ein paar Gürkchen und Chips – basta. Denn das Wichtigste beim Aperitif sind ja eigentlich die Getränke, die den Appetit aufs Abendessen fördern sollen. Der leuchtend rote Campari, der orangefarbige Aperol-Spritz oder die alkoholfreien Varianten San Bitter und Crodino sind die Klassiker, dazu kommen der Negroni und der Negroni sbagliato mit prickelndem Weißwein statt mit Gin.

Ist man in einer Gruppe unterwegs, gehört sich das Anstoßen vor dem ersten Schluck. Prost heißt übrigens *Cin-Cin*.

KULINARISCHES LEXIKON

acciughe: Sardellen
aceto: Essig
acqua: Wasser
– **minerale:** Mineralwasser
– **naturale:** Leitungswasser
aglio: Knoblauch
agnello: Lamm
arrosto: Braten
asparagi: Spargel

birra: Bier
biscotto: Keks
bistecca: Steak, Schnitzel
braciola: Kotelett
branzino: Seebarsch
brasato: Rinderschmorbraten
brodo: Fleischbrühe
burro: Butter

carciofo: Artischocke
carne: Fleisch
carota: Karotte
cassoeula: Eintopf mit
Schweinefleisch und Kohl
cavolfiore: Blumenkohl
cinghiale: Wildschwein
cipolla: Zwiebel
coniglio: Kaninchen
cotoletta: Kotelett
– **alla milanese:** Wiener
Schnitzel
cozze: Miesmuscheln

erbe: Kräuter

fagioli: weiße Bohnen
fagiolini: grüne Bohnen
fegato: Leber
finocchio: Fenchel
formaggio: Käse
fragola: Erdbeere
frutta: Obst
frutti di mare: Meeresfrüchte
funghi: Pilze

gelato: Eis

insalata: Salat

latte: Milch
lattuga: Kopfsalat
limone: Zitrone
liquore: Likör

maiale: Schwein
manzo: Rind
mela: Apfel
melanzane: Auberginen
merluzzo: Kabeljau
miele: Honig
minestrone: Gemüsesuppe

noce: Nuss
nodino di vitello: Kalbs-
kotelett

oca: Gans
olio: Öl
olive: Oliven
ossobuco: Kalbsbeinscheiben
ostriche: Austern

pane: Brot
panino: Brötchen, belegtes Brot
panna: Sahne
panettone: Hefekuchen
parmigiano: Parmesankäse
pasta: Teig, Nudeln
patate: Kartoffeln
– arrostite: Bratkartoffeln
– fritte: Pommes frites
– lesse: Salzkartoffeln
pepe: Pfeffer
peperoncino: kleine Pfefferschote
peperone: Paprika
pesca: Pfirsich
pesce: Fisch
piatto: Teller, Gang
– del giorno: Tagesgericht
piselli: Erbsen
polenta: Maisbrei
polipo: Tintenfisch
pollo: Huhn
pomodoro: Tomate
prosciutto: Schinken

ragú: Fleischsauce für Nudeln
ricotta: quarkartiger Käse
riso: Reis
rognoni: Nieren

salame: Salami
sale: Salz
salmone: Lachs
salsiccia: Würstchen
saltimbocca: Kalbsmedaillons
senape: Senf
sogliola: Seezunge
spinaci: Spinat
spremuta: frisch gepresster Saft
spumante: Sekt
sugo: Sauce

tacchino: Truthahn
tartufo: Trüffel
tonno: Thunfisch
trippa: Kutteln
trota: Forelle

uovo: Ei
– strapazzato: Rührei
– al tegamino: Spiegelei
uva: Trauben

verdura: Gemüse
vino: Wein
– bianco: Weißwein
– rosato: Roséwein
– rosso: Rotwein
vitello: Kalb
vongole: Venusmuscheln

zabaione: Wein-Eier-Creme
zucca: Kürbis
zucchero: Zucker
zuppa: Suppe

HINEIN IN DIE STADT

Heute würde man Shoppingmall sagen.
Die prachvolle Galleria Vittorio Emanuele II
(s. S. 71) wurde 1877 nach Vorbildern in
Brüssel und St. Petersburg erbaut.

DAS ZENTRUM

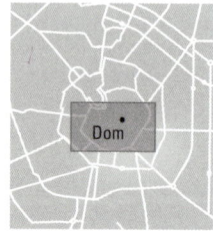

Dom

Elegante Plätze, großbürgerliche Palais, mehrgeschossige Wohnhäuser, verkehrsberuhigte Einkaufsstraßen und mittelalterliche Gassen – und über allem wacht die »Madonnina« auf der Spitze des Doms. Das Zentrum nennen die Mailänder auch »centro centro«, also richtig zentral!

Im »richtigen Zentrum« ist Mailand auch richtig alt. Unter den verwinkelten Gassen südlich des Doms liegt das römische **Mediolanum** und das keltische **Midland**. 222 v. Chr. entdeckten römische Legionäre mitten im Sumpfgebiet der Po-Ebene ein Dorf. Für die keltischen Stämme, die nördlich der Alpen siedelten, war es Handelsplatz und ein Ort des Austauschs.

Mit den römischen Eroberern kamen Gesetze, Gebräuche, Kunst und ein neuer Lebensstil, der das gallische Dorf tiefgreifend veränderte. Die neuen Machthaber legten die Sümpfe trocken und bauten Befestigungsmauern. 49 v. Chr. ist **Mediolanum** eine der dynamischsten und stärksten römischen Bastionen in Oberitalien. Selbstverständlich hat es eine öffentliche Badeanlage, ein Amphitheater und einen Circus, wo Wagen-

Blick über Mailand vom Dach des Doms

Palazzo Reale
→ S. 70

Dom Santa Maria
Nascente → S. 64

Chiesa di San
Gottardo in Corte

rennen ausgetragen werden. Doch wo ist all das geblieben? Mailands römische Vergangenheit ist verschüttet und wird erst seit der Jahrtausendwende zaghaft zutage gefördert und Besuchern zugänglich gemacht.

An das römische Theater erinnert nur noch der alte Straßenname **Via San Vittore al Teatro**. Mehr Gasse als Straße, führt diese kleine Via direkt auf den Börsenplatz **Piazza degli affari** mit dem **Palazzo Mezzanotte**, wo jahrzehntelang hektisch Aktien gekauft und verkauft wurden. Heute ist die Mailänder Börse elektronisch, das Gebäude im futuristischen Baustil wird für Konferenzen genutzt. Geschäftiger ist es auf der nur wenige hundert Meter entfernten **Piazza Cordusio** mit ihren Geschäften, Espressobars und Banken. Von hier spaziert man entweder Richtung **Dom** oder die schöne Einkaufsstraße **Via Dante** entlang zum **Castello Sforzesco**.

Die meisten Mailänder spazieren allerdings nicht, sondern hasten. Sie haben immer etwas zu tun, sind immer auf dem Sprung – ins Büro, zur Bank oder zur Handelskammer auf der schnurgeraden **Via Meravigli** mit ihren strengen Fassaden –, jedenfalls haben sie ein Ziel und deshalb kaum einen Blick für die prächtigen Palais und Straßenzüge übrig. Auf dem **Corso Magenta**, der Verlängerung der Via Meravigli in südlicher Richtung, haben sich hübsche, kleine Geschäfte angesiedelt, die von Naturkosmetik bis zu ausgewählter Kleidung vieles anbieten, das einen Schaufensterbummel lohnt.

Torre Velasca
→ S. 77

Museo del Novecento
→ S. 70

SEHENSWERTES

1 Dom Santa Maria
Nascente ⭐

2 Palazzo Reale

3 Museo del Novecento

4 San Bernardino alle
Ossa 👁

5 Galleria Vittorio
Emanuele II ⭐

6 Camparino 🚩

7 Piazza dei Mercanti ⭐

8 Biblioteca e Pinacoteca
Ambrosiana

9 Piazza San Sepolcro ⭐

10 Università Cattolica 🚩

11 Basilica di
Sant'Ambrogio ⭐

12 Römisches Privathaus
an der Via Brisa 👁

13 Santa Maria presso
San Satiro

14 Circo Romano

15 Basilica San Lorenzo
maggiore

16 Torre Velasca

17 Ca' Granda

18 Brunnen auf der Piazza
Fontana

19 Piazzale Cadorna

ESSEN UND TRINKEN

1 Da Pino

2 Pasticceria Giovanni
Galli

3 La Brisa

4 Pasticceria Marchesi 🚩

5 Vecchia Latteria

6 Taverna Moriggi

EINKAUFEN

7 La Rinascente

8 Peck

9 Wait and see

Sehenwertes

 MERIAN TOP 10

1 DOM SANTA MARIA NASCENTE D5

Manche Mailänder nennen ihn spöttisch »Zuckerbackwerk«, weil er verschiedene Baustile vereint, dominiert von der lombardischen Gotik. Aber wer ihn nicht gesehen hat, war nicht in Mailand. Der Dom ist mit einer Grundfläche von rund 11 000 m² das Wahrzeichen der Stadt und eines der größten Gotteshäuser der Welt, 5000 Menschen bietet er Platz. Mehr als 4 Mio. Menschen besichtigen ihn jährlich, und im Sommer sollte man sich bei viel Andrang ein Tuch über die nackten Schultern werfen, um die langwierige Eingangskontrolle zu passieren. Auch Shorts sind nicht erlaubt.

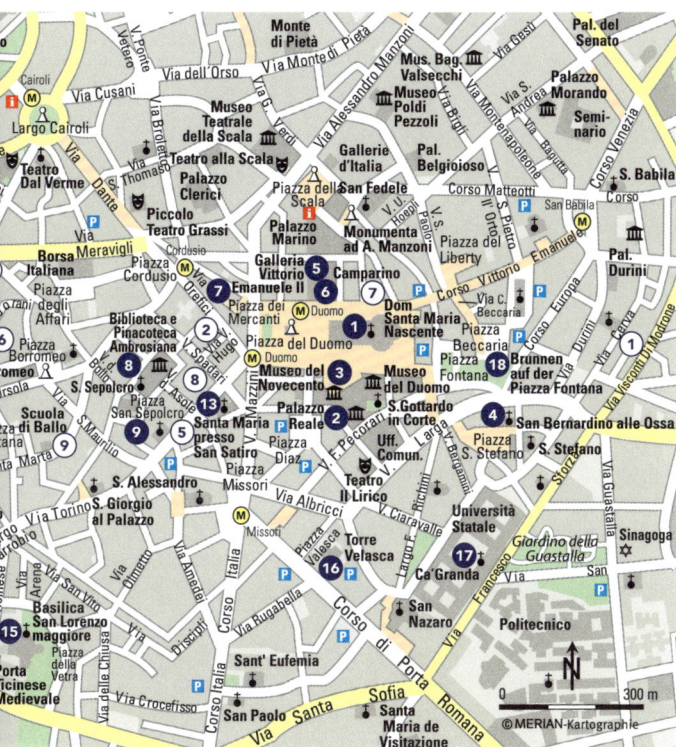

1386 wurde der Grundstein gelegt, dank **Gian Galeazzo Visconti** (1351–1402), der damals über Mailand herrschte. Aber nicht nur der mächtige Herzog investierte Geld, auch die Mailänder Bürger spendeten für ihren Dom. Trotz allem verzögerten sich die Bauarbeiten immer wieder, denn der weiße Marmor war teuer. Dieser wurde über die antiken Wasserkanäle bis ins Stadtzentrum transportiert und in der Domwerkstatt **Veneranda Fabbrica del duomo** weiterverarbeitet. Die Werkstatt hat bis ins 20. Jh. hinein an der Fertigstellung des Doms gearbeitet und ist immer noch aktiv. Denn Autoabgase und Smog setzen der blendend weißen Fassade erheblich zu und erfordern kontinuierliche Restaurierungen. Kein Wunder, dass sich im Mailänder Dialekt die Redewendung »longh comme la fabrica del Domm« für etwas, das kein Ende findet, eingebürgert hat.

Begonnen wurde der Bau gewissermaßen rückwärts, von der Apsis aus, die Fassade wurde als Letztes fertiggestellt. Das Innere des Doms war erst dreischiffig geplant, wurde dann erweitert und ist heute fünfschiffig. Die ältesten Teilstücke sind Chor, Teile der Querhäuser und die ersten beiden Joche des Langhauses. Die ältesten **Glasfenster** stammen aus dem 15. Jh. und befinden sich im nördlichen Querschiff. Rund 3600 Personen sind auf den farbigen Fenstermosaiken dargestellt, in die Fenster- und Pfeilernischen sind unzählige Altare eingebaut. Im nördlichen Querschiff ist ein **Kandelaber** aus dem 13. Jh. sehenswert, ein 5 m hohes Meisterwerk aus Bronze. In den Seitenschiffen sind Grabmäler bekannter Personen zu sehen, darunter viele Erzbischöfe.

Neben dem Hauptportal gelangt man hinunter zu den Resten eines **Baptisteriums**, in dem möglicherweise Mailands Bischof Ambrosius im Jahr 387 Augustinus getauft hat. Entdeckt wurde es gemeinsam mit Fundamenten der frühchristlichen Kirche **Santa Tecla** aus dem 4. Jh. beim Bau der Mailänder U-Bahn. So steht der Dom an einer Stelle, an der schon in frühester Zeit Christen beteten und Taufzeremonien vollzogen.

Aber man kann nicht nur unter den Dom, sondern auch auf den Dom gelangen. Die **Dachterrassen** bieten einen einmaligen Blick über die Stadt und das Umland. Bei klarem Wetter sieht man bis zu den Alpen. Hinauf kommt man über Stufen oder ganz bequem per Aufzug. Zwischen filigranen Turmspitzen und mehr als **3500 Figuren** wandelt es sich längs des Hauptschiffes wie in einem Garten aus Marmor. Die höchste Figur ist mit 4,16 m eine vergoldete Marienstatue, die die Mailänder liebevoll **Madonnina** (kleine Madonna) nennen.

Piazza del Duomo | Metro: Duomo | www.duomomilano.it | tgl. 8–19, Dach 9–19 Uhr | Eintritt 3 €, Aufzug zum Dach 14 €, erm. 7 €, Treppe 10 €, erm. 5 €

Die Bauzeit des Mailänder Doms (s. S. 64) betrug ab der Grundsteinlegung 1386 mehr als 500 Jahre. Der Fußboden aus weiß-rot-schwarzen Platten wurde sogar erst im 20. Jh. fertiggestellt.

Auf dem Domdach wimmelt es von Heiligen

Auf den ersten Blick scheint es, als hätten der Dom und seine Dachterrasse kaum etwas miteinander zu tun. Die Eingänge sind strikt getrennt, als wäre das begehbare Dach ein frivoles Zugeständnis an die weniger gläubigen Mailänder, die sich hier oben verlustigen, während im Inneren des Doms gekniet und gebetet wird. Doch einmal oben, zieht einen die Mystik des Ortes ganz in ihren Bann, dem Himmel so nah, umgeben von Heiligen. Hier oben herrscht keine Hetze, im Gegensatz zum geschäftigen Domplatz, auf dem Menschen zu Ameisengröße geschrumpft sind.

Viele der mehr als **3000 Statuen**, die auf dem marmornen Dachgarten des Doms in die Sonne blinzeln, sind zum Greifen nah und lassen sich in Ruhe studieren. Wunderschön etwa die Abbildung von **Adam und Eva**, die sich beinahe in den Armen liegen, wenn da nicht der verhängnisvolle Apfel zwischen ihnen wäre. Auf der höchsten Turmspitze thront die vier Meter hohe, vergoldete Statue der Gottesmutter Maria, die **Madonnina**, wie die Mailänder sie liebevoll nennen. Unter der Schar Heiliger zu ihren Füßen befinden sich aber auch Steinfiguren neueren Datums, die wie hineingeschmuggelt wirken. **Benito Mussolini** etwa wurde im Nachhinein unkenntlich gemacht. Die neueste Statue ist die des seliggesprochenen Priesters **Don Carlo Gnocchi**. Ein heißer Kandidat für einen Platz in luftiger Höhe auf einer Turmspitze ist auch **Papst Johannes Paul II.**

Manche Figuren sind durch Regen und Luftverschmutzung so ramponiert, dass man nicht mehr erkennen kann, wen sie eigentlich darstellen. Andere dagegen wirken wie neu, und das sind sie auch. Akribische Kopien der Originale aus dem Museum neben dem Dom, gemeißelt von den Steinmetzen der **Domwerkstatt**, die immer noch genug Arbeit hat. Denn dem Dom setzen sein Alter und vor allem auch die U-Bahn zu, die unter ihm durchrauscht. Fialen, Statuen, Glasmalereien – alles

Die vergoldete Gottesmutter auf dem Dach ist in Mailand so beliebt, dass sogar das Stadtderby zwischen Inter und Milan »Derby della Madonnina« genannt wird.

muss fortwährend restauriert oder ersetzt werden. Das kostet eine Menge Geld, das Ersetzen eines einzigen Marmortürmchens verschlingt etwa zwei Millionen Euro. Und da bei diesen Restaurierungsarbeiten auch kein Ende in Sicht ist, gibt es seit 2012 die Aktion »Adotta una Guglia« (Adoptiere eine Turmspitze), bei der auch kleine Beträge willkommen sind.

Letztlich sind es aber Institutionen wie die Zeitung »Corriere della Sera« und Großsponsoren, die den Heiligen auf dem Dom unter die Arme greifen. Sie dürfen sich »ihren« Heiligen aussuchen. Kein Wunder, dass sich die »Freunde der Via Spiga« mitten im Goldenen Modekarree den jungen, durchtrainierten **Santo del Favonio** ausgesucht haben. Er könnte von seinem Sockel direkt auf einen Laufsteg hinabsteigen. Er zählt zusammen mit **Erzengel Gabriel** zu den beliebtesten Figuren. Unter den Top Ten befinden sich nur zwei Frauen, die **hl. Cäcilia** und **Jeanne d'Arc**, die Jungfrau von Orléans.

Wenn man sie lange genug betrachtet, scheinen die Statuen tatsächlich ihre Geschichte zu erzählen. Oder um mit Heinrich Heine zu sprechen: »Im mitternächtlichen Mondschein (…) kommen all die weißen Steinmenschen aus ihrer wimmelnden Höhe herabgestiegen (…), gehen mit einem über die Piazza und flüstern einem alte Geschichten ins Ohr.«

Matisse, Picasso, de Chirico und Modigliani sind nur einige der hochkarätigen Namen, die im Museo del Novecento vertreten sind.

② PALAZZO REALE D5

Gebaut als Stadtschloss der Visconti wechselte das Gebäude mehrfach den Hausherrn. Hier residierten die Habsburger, die Spanier, Napoleon und die Savoyer, die den Palazzo schließlich dem jungen italienischen Staat schenkten. Bei einem Bombenangriff im Zweiten Weltkrieg wurden die neoklassizistischen Dekorationen von Piermarini zerstört. Kulturbegeisterte besuchen die interessanten Wechselausstellungen und trinken dann einen Kaffee im eleganten **Caffè Letterario**. Ganz ehrlich: Viele Mailänder gehen auch *nur* ins Caffè. Der knusprigen Croissants und der literarischen Atmosphäre wegen.

Piazza del Duomo 12 | Metro: Duomo | www.palazzorealemilano.it | Mo 14.30–19.30 Di, Mi, Fr, So 9.30–19.30, Do, Sa 9.30–22.30 Uhr | Eintritt 14 €, erm. 12 €

③ MUSEO DEL NOVECENTO D5

Mehr als 4000 Werke italienischer Künstler des 20. Jh., die vorher überall in der Stadt verstreut waren, haben hier seit 2010 ein Zuhause, etwa 400 davon werden auch ausgestellt. Der monumentale **Palazzo dell'Arengario** wurde dafür von der Architektengruppe Rota komplett restauriert: Eine spiralförmige Treppe verbindet seither die verschiedenen Stockwerke und ist an sich schon ein Hingucker. Verabschiedet wird man im letzten Stock von Lucio Fontanas Abstraktionen »Concetti spaziali«. Von hier hat man auch einen einmaligen Blick auf den Dom, besonders schön in der Abenddämmerung.

Piazza del Duomo 8 | Metro: Duomo | www.museodelnovecento.org | Mo 14.30–19.30, Di, Mi, Fr, So 9.30–19.30, Do, Sa 9.30–22.30 Uhr | Eintritt 5 €, erm. 3 €

IM VORBEIGEHEN ENTDECKT

④ SAN BERNARDINO ALLE OSSA E6

Diese kleine Kirche aus dem 13. Jh. birgt einen schaurigen Schatz. In einem Nebenraum (zu betreten durch einen kleinen Gang rechts) liegen an jeder Wand Knochen und Schädel in Reih und Glied bis unter die Decke aufgeschichtet. Es ist das noch erhaltene Beinhaus, das der ehemaligen Friedhofskirche angehört.

Piazza Santo Stefano | Metro: Duomo | www.sanbernardinoalleossa.it | Mo–Fr 8–18, Sa 9.30–18 Uhr

MERIAN TOP 10

⑤ GALLERIA VITTORIO EMANUELE II D5

Mailands »salotto«, also die gute Stube, betritt man durch den Triumphbogen rechts vom Dom. **Giuseppe Menegoni** entwarf diese prachtvolle, überdachte Einkaufspassage, die nach dem ersten König des vereinten Italiens benannt wurde. Für den damaligen Geschmack war sie mit ihrer symmetrischen Metallstruktur sehr modern und daher auch ein architektonischer Vorreiter einer neuen Epoche, des Industriezeitalters. Menegoni selbst stürzte kurz vor ihrer Vollendung 1877 von einem Baugerüst in den Tod.

Die verglaste Kuppel lässt viel Tageslicht herein und ist in ihren Innenmaßen genauso groß wie die Kuppel des Petersdoms in Rom. Bis in die 1920er-Jahre war die Galleria einer der beliebtesten Treffpunkte für Intellektuelle und Künstler, die in den historischen Cafés bis tief in die Nacht diskutierten. Und da die Scala nur einen Katzensprung entfernt liegt, kamen auch der Komponist Giuseppe Verdi oder der Dirigent Arturo Toscanini nach der Vorstellung hierher. Heute laden Edelboutiquen, Restaurants und Cafés zu einem Bummel ein, abends ist hier aber nicht mehr viel los.

Piazza del Duomo | Metro: Duomo

▶ MERIAN EMPFEHLUNG

⑥ CAMPARINO D5

Diese wunderschöne Jugendstilbar mit Mosaikboden, geschwungener Theke, einer Kasse wie aus dem Antiquariat und Kellnern mit schwarzer Fliege ist seit mehr als 100 Jahren eine Institution. Historischer Treffpunkt zum Aperitif, den die Mailänder hier am liebsten im Stehen einnehmen. Dazu gibt es Häppchen, fleischige grüne Oliven und Gürkchen. Hier erfand **Davide Campari** das gleichnamige feuerrote Getränk. Er war übrigens der erste Mailänder, der in einer Wohnung in der Galleria geboren wurde.

Galleria Vittorio Emanuele II/Piazza del Duomo | Metro: Duomo | www.camparino.it | Tel. 02/86 46 44 35 | Di–So 7.15–20.40 Uhr

★ MERIAN TOP 10

⑦ PIAZZA DEI MERCANTI D5

Einer der ältesten überdachten (Markt-)Plätze der Stadt und Mailands Zentrum im Mittelalter. Hier wurde gehandelt und gefeilscht. Laut kreischend boten die Marktfrauen ihre Waren feil – und sprachen möglicherweise im Flüsterton die Preise ab. Denn die überdachte Loggia hat ein eingebautes »Flüster-Telefon«. Das funktioniert so: Zwei Menschen stellen sich jeweils in eine der sich gegenüberliegenden Ecken und einer spricht leise Richtung Säule. Sein Gegenüber neigt das Ohr Richtung Säule und hört das Geflüster absolut deutlich.

Im Camparino gibt es natürlich Campari in allen Kombinationen, aber auch andere Longdrinks und Cocktails. Stilvoll frühstücken kann man hier auch.

Um die Piazza reihten sich die wichtigsten Gemeindestellen: der **Palazzo della Ragione** (1233) und die **Loggia degli Orsini** (1316), wo die mächtigen Rechtsanwälte und Notare ihren Sitz hatten.

Metro: Duomo

❽ BIBLIOTECA E PINACOTECA AMBROSIANA D5

Kardinal **Federico Borromeo** (1564–1631) war nicht nur einer der großen Mäzene Mailands, sondern auch ein strenger Verfechter der Gegenreformation. Deshalb sollten in der 1603 in Auftrag gegebenen Bibliothek nur solche Werke aufbewahrt werden, denen eine korrekte Auslegung der heiligen Schriften zugrunde lag. Heute besitzt die Bibliothek Manuskripte und frühe Handschriften von hohem Wert. Darunter die »Ilias Ambrosiana«, eine um das Jahr 500 in Alexandrien angefertigte, großformatig bebilderte Ausgabe von Homers Meisterwerk. Auch Leonardo da Vincis »Codex Atlanticus« ist hier ausgestellt sowie etliche Zeugnisse der jüdischen und arabischen Kultur. Die Pinakothek umfasst Caravaggios Stillleben »Der Obstkorb« sowie Werke von Tizian, Botticelli und Tiepolo.

Piazza Pio XI 2 | Metro: Duomo | www.ambrosiana.eu | Pinakothek
Di–So 10–18, Bibliothek Mo–Fr 9–17 Uhr | Eintritt inkl. Sakristei in
Santa Maria delle Grazie 20 €, erm. 15 €

 MERIAN TOP 10

⑨ PIAZZA SAN SEPOLCRO D5/6

Mailands schönster Platz aus römischer Zeit. Hier lag damals
das Forum, wo sich die beiden Hauptstraßen von **Mediolanum** kreuzten. 160 mal 155 m maß der Platz damals, hier pul-
sierte das politische und gesellschaftliche Leben der Stadt.
Unterhalb der Ambrosianischen Bibliothek, die an den Platz
angrenzt, und auch in der Krypta der Kirche San Sepolcro liegt
noch der Boden von damals, unregelmäßige Quadersteine aus
Marmor. Über diese Steine sind die Legionäre Cäsars gezogen
und vielleicht auch der junge Vergil, der für seine Rhetorik-
studien nach Mediolanum gekommen war.
Metro: Cordusio

 MERIAN EMPFEHLUNG

⑩ UNIVERSITÀ CATTOLICA C6

1921 gegründet hat die Privatuniversität mit katholischer Ausrichtung und ca. 40 000 Studierenden einen Campus, um den
sie zu beneiden ist. Sie liegt neben der **Basilika des hl. Ambrosius** im antiken Zisterzienserkloster mit wunderschönen
Kreuzgängen. Nicht zu vergessen der Garten »Giardino di Santa Caterina d'Alessandria«, der den Studentinnen vorbehalten
ist und im Volksmund deshalb augenzwinkernd »Giardino
delle vergini« (Garten der Jungfrauen) genannt wird.
Largo Gemelli | Metro: San Ambrogio

MERIAN TOP 10

⑪ BASILICA DI SANT'AMBROGIO C6

Die Basilika des hl. Ambrosius ist eines der ältesten Gotteshäuser Mailands mit einem stimmungsvollen romanischen Vor-

hof. Trotz zahlreicher Umbauten ist der ursprüngliche Grundriss noch gut zu erkennen. Eine genauere Betrachtung verdient der filigrane, aus der ersten Hälfte des 9. Jh. stammende **Hauptaltar**, ein Meisterwerk der Goldschmiedekunst. Die dreischiffige Basilika wurde zu Ehren von Märtyrern errichtet, die inzwischen weitgehend vergessen sind. Aber ihr Bauherr Ambrosius (339–397), dessen Gebeine in einem gläsernen Sarg in der Krypta liegen, lebt in den Herzen der Mailänder weiter. Denn er ist ihr Stadtpatron.

Der Besuch der Basilika ist kostenlos, die wechselnden Messezeiten lassen sich auf der Internetseite nachschauen. Ein besonderer Ohrenschmaus sind die **ambrosianischen Gesänge**, die der Chor bei der Sonntagsmesse um 11 Uhr (die auf Latein gehalten wird) zum Besten gibt. Der Eingang von der Via Lanzone 30 ist barrierefrei. Die Schlüssel zu diesem Eingang bekommt man in der Sakristei oder im Bookshop.

Piazza Sant'Ambrogio 15 | Metro: San Ambrogio | www.basilicasant ambrogio.it | Mo–Sa 7.30–12.30 und 14.30–19, So 8–20 Uhr

IM VORBEIGEHEN ENTDECKT

⑫ RÖMISCHES PRIVATHAUS AN DER VIA BRISA C5

Die grasüberwachsenen Ruinen unterhalb des Straßenniveaus sind die Reste einer prächtigen Villa mit angeschlossener Badeanlage aus römischer Zeit. Die später darübergebauten Häuser sind 1943 bei einem Bombenangriff der Alliierten zerstört worden. Das Gelände wurde eingezäunt und sich selbst überlassen, heute sonnen sich auf den Ruinen streunende Katzen. Dafür brauchen Besucher keinen Eintritt zu zahlen und nicht Schlange zu stehen.

Via Brisa | Metro: Cardusio

⑬ SANTA MARIA PRESSO SAN SATIRO D6

Sicher war es nicht Bramantes Absicht, etwas in Frage zu stellen oder gar auf das Illusorische im Glauben zu verweisen. Es war schlicht und ergreifend Platzmangel, der den Baumeister des Petersdoms in Rom hier zu einem perspektivischen Kniff greifen ließ. In der kleinen Kirche aus dem 15. Jh. konnte man keinen Chorraum einrichten, so stellte Bramante auf einem Flachrelief einen **Scheinchor** dar. Auch die Sakristei mit ihrem achteckigen Grundriss gehört zu seinen Meisterwerken.

Via Torino 19 | Metro: Duomo

⑭ CIRCO ROMANO C6

Es ist dem Starrsinn des Archäologen Alberto De Capitani d'Arzago zu verdanken, dass zwischen dem Corso Magenta und der Porta Ticinese ab 1937 systematisch nach Überresten eines römischen Zirkus im Stil des Circo Massimo in Rom gesucht wurde. Und in der Tat: 9 m unter dem Niveau der Straße lag in römischen Zeiten eine 470 m lange und 85 m breite Rennbahn mit Zuschauertribünen und allem, was man für Wagenrennen damals brauchte. Geblieben sind davon nur Ruinen, und den Mailändern ist diese Epoche so fern, dass sich bis vor Kurzem kaum jemand dafür interessierte. Anlässlich der Weltausstellung Expo 2015 wurden Schautafeln aufgestellt, die Besuchern das römische Erbe Mailands näherbringen.

Via Circo 9–11 | Metro: Cordusio

⑮ BASILICA SAN LORENZO MAGGIORE C6

Für diesen frühchristlichen Sakralbau wurden im 4. Jh. Reste antiker Bauten verwendet. Die 16 korinthischen Marmorsäulen, die die Basilika abschirmen, stammen von einem heidnischen Tempel. Im Mittelalter standen zwischen den Säulen und der Basilika Häuser, die um 900 abgerissen wurden.

Den besten Überblick bekommt man, wenn man sich dem Gebäudekomplex von der Rückseite nähert. Als Erstes sieht man die große Kuppel, die 1573 einstürzte und auf Wunsch des damaligen Bischofs Karl Borromäus sofort wieder aufgebaut wurde. Einige der Kapellen, die den Hauptbau umringen, sind erst im Laufe der Jahrhunderte hinzugekommen. Besonders sehenswert ist die achteckige Kapelle rechts vom Haupteingang (sie kostet Eintritt, während der Besuch der Basilika gratis ist), die ursprünglich als Mausoleum konzipiert worden war

Santa Maria presso San Satiro (s. S. 75), ist ein aus mehreren Teilen bestehendes Gotteshaus, an dem auch Bramante, der Erbauer des Petersdoms, Anteil hatte.

und einen römischen Sarkophag beherbergt. Später wurde sie dem hl. Aquilin aus Würzburg gewidmet, der auf seiner Durchreise nach Rom in Mailand von Häretikern erstochen worden war. Von seinem Märtyrertod berichten die Fresken, während die aus dem 5. Jh. erhalten gebliebenen Mosaiken Christus mit seinen Aposteln darstellen. Auf dem Vorplatz der Basilika trifft sich allabendlich Mailands Partyszene und lärmt bis in die Morgenstunden. Zur Freude der Anwohner.

Corso di Porta Ticinese 35 | www.sanlorenzomaggiore.com | Straßenbahn 2, Bus 94: Colonne di San Lorenzo | Mo–Fr 8–18.30, Sa, So 9–19 Uhr

⑯ TORRE VELASCA D6

Mit diesem Hochhaus aus den 1950er-Jahren hadern viele Mailänder. Die Kritiker können sich nicht mit den »breiter geratenen« höchsten sieben der insgesamt 26 Stockwerke abfinden. Milder stimmt allein die Tatsache, dass das 106 m hohe Gebäude in nur 292 Tagen errichtet wurde. Das waren acht weniger, als im Vertrag mit dem damals international berühmten Architektenstudio BBPR vorgesehen war.

Piazza Velasca | Metro: Missori

Torre Velasca

Es war einer dieser heiß-schwülen Sommer im Jahr 2010, als den Mailändern klar wurde, wie sehr sie an diesem trutzigen, festungsartigen Wolkenkratzer hängen. Da wurde nämlich bekannt, dass die Eigentümer, eine Industriellengruppe mit argen Finanzproblemen, erwägen, die Torre Velasca zu verkaufen. Und das hätte möglicherweise ihren Abriss bedeutet. Ein Aufschrei der Empörung ging durch die Stadt, und ganz Italien schloss sich ihm an, bis das Kulturministerium die Torre Velasca per Dekret unter Denkmalschutz stellte und Stadt, Provinz und Land den Erstzugriff im Falle eines Verkaufs garantierte.

Ein Jahr später – das Gebäude war nicht verkauft worden – erklärte die englische Tageszeitung »Daily Telegraph« in ihrer Onlineausgabe die Torre Velasca zu einem der 21 hässlichsten Bauwerke der Welt. Die Empörung wiederholte sich, diesmal war es der Schmerzensschrei eines unverstandenen Kindes. Aber wie könnten auch Journalisten jenseits des Ärmelkanals verstehen, was an diesem kantig-wuchtigen Ungetüm mitten im Herzen Mailands schön sein soll? Dazu muss man tief in die Mailänder Stadtgeschichte eintauchen.

Als die Planungen für das ästhetisch umstrittene Gebäude 1950 begannen, war Mailands Zentrum durch alliierte Bombardements teilweise schwer zerstört worden. Es ging darum, etwas Neues, Großes und Großartiges zu schaffen, was auch die Vergangenheit einbezieht und an die Blütezeiten Mailands anknüpft. Beauftragt wurde die **Architektengruppe BBPR**, die als eine der Ersten grundsätzlich als Kollektiv auftrat. Der Name leitet sich von den Initialen der Gründer Banfi, Belgiojoso, Peressutti und Rogers ab.

Ernesto Nathan Rogers war einer der wichtigsten Architekturtheoretiker und Chefredakteur einer international beachteten Architekturzeitschrift. Er entwickelte das Konzept der *preesistenze ambientali*, das historische Gegebenheiten eines Ortes zur Grundlage zeitgenössischen Bauens macht. Ein neu zu entwerfendes Gebäude muss demnach in einem **historisch-kulturellen Bezug** zu seinem Umfeld stehen. Gemeint ist damit nicht ein Kopieren vorhandener Baustruktur, wie man an der Torre Velasca zweifellos sehen kann. Seine pilzförmige Erweiterung nach oben war damals eine Weltneuheit. Aber sie orientierte sich an historischen Vorbildern von **Rathaus- und Geschlechtertürmen** und zitiert in Form und Farbe die **Torre del Filarete** des Castello Sforzesco. Dieser Turm, erbaut im Jahr 1485, war 1521 bei einer Pulverexplosion zerstört und erst um 1900 wieder originalgetreu rekonstruiert worden. Er bildet

An der Torre Velasca scheiden sich die Geister, sie ist aber nicht aus dem Stadtbild wegzudenken.

den zentralen Hauptturm mit Eingang in die Burg. Interessanterweise restaurierte BBPR zeitgleich zum Bau der Torre Velasca auch das historische Castello – und verwob ihre Formensprache miteinander. Das Alte und das Neue scheinen architektonisch zu kommunizieren, und in beiden Bauten kommt der wehrhafte Festungscharakter zum Vorschein. Nicht unbedingt schön, aber stark – so die Botschaft.

Schon damals war sich die Architekturwelt nicht einig, was von dieser Parabel zu halten sei, und die Reaktionen auf die 1958 vollendete Torre Velasca fielen höchst unterschiedlich aus. So wie auch heute. Für den streitbaren Kunstkritiker **Vittorio Sgarbi**, der neben verschiedensten politischen Ämtern auch schon mal das des Kulturdezernenten von Mailand innehatte, bleibt es ein »Monstrum«, für den Mailänder Stararchitekten **Stefano Boeri** dagegen ein »Meisterwerk«. So oder so – die Mailänder sind stolz auf ihre Torre Velasca und würden das Hochhaus um nichts in der Welt hergeben.

An den neun Fakultäten der Ca' Granda sind rund 70 000 Studierende einge-schrieben. Damit ist sie die größte öffentliche Hochschule Norditaliens.

17 CA' GRANDA D6

1456 gab Francesco Sforza das Gebäude in Auftrag, um ein großes Krankenhaus (»Ca' Granda«) für die Stadt zu errichten. Er wollte sich damit unmittelbar nach seiner Hochzeit mit Bianca Maria Visconti und seiner Ernennung zum Herzog von Mailand beim Volk beliebt machen.

Es sollte das erste laizistische Krankenhaus Europas werden. Der erste Trakt wurde schon 1472 eingeweiht, der weitere Bau zog sich aber bis 1805 hin. Bis zum Zweiten Weltkrieg wurde das Gebäude als städtisches Krankenhaus genutzt, dann jedoch durch Fliegerbomben der Alliierten schwer beschädigt. Nach Kriegsende wurde es originalgetreu wiederaufgebaut, und seit 1958 ist es Sitz der staatlichen Mailänder Universität und frei zugänglich. Entlang der Via Festa del Perdono haben die verschiedenen Fakultäten ihren Sitz, und in den Innenhöfen wird so manche politische Diskussion ausgefochten. Einen Besuch lohnt vor allem der große, symmetrisch angelegte Innenhof mit seinen schönen Bogengängen.

Via Festa del Perdono | Metro: Duomo oder Missori, Straßenbahn 24, Bus 60, 94

🔞 BRUNNEN AUF DER PIAZZA FONTANA D5

Dieser Brunnen wurde von Mailands Hausarchitekt **Giuseppe Piermarini** (1734–1808) entworfen, der auch das Opernhaus La Scala entwarf und das gesamte Zentrum im neoklassizistischen Stil vereinheitlichte. Es ist zwar nicht der Trevi-Brunnen, aber mit seinen Sirenen und Delfinen hat er auch eine gewisse Romantik.

Der Brunnen plätschert seit 1782 in der Mitte eines Platzes, mit dem die Mailänder viel Schmerz verbinden. Am Morgen des 12. Dezember 1969 detonierte in einem Bankgebäude an der Piazza Fontana eine Bombe, die 16 Menschen tötete und 88 verletzte. Es war das erste große Attentat einer ganzen Reihe von Anschlägen, die teils von linksextremen Terroristen, teils von fehlgeleiteten Geheimdiensten zusammen mit Neofaschisten verübt wurden, um eine autoritäre Wende zu erzwingen. Die folgenden 20 Jahre gingen als »**bleierne Jahre**« in die italienische Geschichte ein.

Die Täter des Bombenanschlags stammten aus ultrarechten politischen Kreisen und sind bis heute nicht zur Verantwortung gezogen worden. Gerade die älteren Mailänder überqueren die Piazza Fontana mit ihrem Brunnen daher meist mit einem nachdenklichen Gesicht.

Piazza Fontana | Metro: San Babila

🔟 PIAZZALE CADORNA C5

Ein zentraler Verkehrsknotenpunkt vor dem Stadtbahnhof Cadorna, wo die Lokalzüge Richtung Norden abfahren. Wer mit dem Malpensa Express vom Flughafen in die Stadt fährt, landet mitten im Gewimmel von Menschen, Autos, Bussen und Straßenbahnen. Den Platz dominiert ein modernes **Kunstwerk von Claes Oldenburg** aus dem Jahr 2000: » Ago, Filo e Nodo«, eine riesige Nadel mit bunten Faden und Knoten. Die meisten denken, es soll den Stellenwert der Mode in Mailand symbolisieren. Stimmt aber nicht: Nadel, Faden und Knoten stehen für die ersten drei U-Bahn-Linien, die sich unter der Piazza Cadorna kreuzen.

Metro: Cadorna

Essen und Trinken

① *Typische Atmosphäre oder: echt Mailand*

DA PINO E5

Nur einen Steinwurf vom Dom entfernt lässt sich hier zu akzeptablen Preisen richtig gut essen. Stammkunden sind die Geschäftsleute aus dem Viertel. Die gemütliche Trattoria brummt um die Mittagszeit, deshalb geht es laut und hektisch zu, aber dafür sitzen Sie hier mitten im wahren Mailänder Leben. Der Service ist freundlich und geht auch auf Sonderwünsche ein. Zu empfehlen sind die saisonalen Spezialitäten wie das Risotto mit Roten Beten.

Via Cerva 14 | Metro: San Babila | Tel. 02/76 00 05 32 | Mo–Sa 12–15 Uhr | €–€€

② *Naschwerk als Kunstwerk*

PASTICCERIA GIOVANNI GALLI D5

Hier gibt es die besten Marron glacé (glasierte Kastanien) der Stadt: süß und saftig. Außerdem handgemachte Schokolade, Pralinen und Torten, die kleinen Kunstwerken gleichen. Seit 1911 versüßt sich in dieser phänomenalen Konditorei die Mailänder Oberschicht den Nachmittag.

Via Victor Hugo 2 | Metro: Duomo | www.giovannigalli.com | Mo–Sa 8.30–20, So 9–13.30 Uhr | Tel. 02/86 46 48 33 | €€€

③ *Versteckter Gourmettempel*

LA BRISA C5

Ein Katzensprung entfernt vom Börsenplatz liegt in einer Seitenstraße ein Restaurant, so unscheinbar von außen, dass man es praktisch übersieht, wenn man es nicht kennt. Den Eingangsbereich dominiert der Bartresen, und erst hinter einem schlauchartigem Gang öffnet sich der Restaurantbereich. In der warmen Jahreszeit sitzt man sehr angenehm im traumhaften Garten. Sehr gute Weinauswahl, zum Aperitif empfiehlt Küchenchef Antonio Facciolo aber auch ein feines Bier. Antipasti wie gegrillte Paprika mit Stockfischmousse in süßsaurer Sauce und Lachstatar mit grünen Tomaten, Joghurtsauce und Ingwerchips sind nur der Auftakt zu wechselnden Vier-Gänge-Menüs.

Seit 1911 verwöhnt die Familie Galli zahlungskräftige Kundschaft mit exquisiten Süßwaren. Allein der Blick in die Auslage ist ein Genuss.

Via Brisa 15 | Metro: Cairoli | Tel. 02/86 45 05 21 | www.ristorante labrisa.it | Mo–Fr 12.45–14.30 und 19.45–22.30, So 19.45–22.30 Uhr, Sa geschl. | €€€

4 **MERIAN EMPFEHLUNG**

④ *In jeder Hinsicht ein Schmuckstück*
PASTICCERIA MARCHESI C5

Diese winzige Konditorei ist eine der ältesten der Stadt und ideal für einen Zwischenstopp. Kassettendecke und Mobiliar stammen aus dem 19. Jh. Hier trinkt man seinen Espresso rigoros im Stehen. Die Herren, die ihn perfekt zubereiten, tragen weiße Hemden und Fliege. Morgens isst man ein Croissant, nachmittags feines Gebäck. Bonbons, Dragees und Konfekt kann man auch lose kaufen. Die Damen hinter dem Verkaufstresen tragen teilweise noch ein Spitzenhäubchen. Die Konditorei wurde kürzlich von der Modemarke Prada übernommen, die jedoch nichts an der Tradition geändert hat, das hätte auch mindestens zu einem Volksaufstand geführt. Es heißt, die nicht ganz so strenggläubigen Mailänder würden am Sonntagmorgen hierher pilgern statt zur Messe im Dom.

Via Santa Maria alla Porta 11/a | Metro: Cairoli | Tel. 02/86 27 70 | www.pasticceriamarchesi.it | Di–Sa 7.30–20, So 8.30–13 Uhr | €€€

⑤ *Schlaraffenland für Vegetarier*
VECCHIA LATTERIA D6
Dieser ehemalige Milchladen ist ein Mythos. Auf Holzschemeln sitzt man dicht gedrängt mit anderen Gästen am Tisch. Die vegetarischen Gerichte sind rigoros hausgemacht und frisch, für die Mailänder gehören sie zweifellos zu den besten der Stadt. Deshalb sind sie auch nicht so preisgünstig, wie manch einer angesichts der schlichten Einrichtung erwarten würde. Als Familie oder Gruppe nimmt man am besten eine große Probierplatte und dazu alles, was tagessaktuell empfohlen wird. Geöffnet nur mittags, man kann nicht reservieren. Am besten, man kommt früh (vor 12.30 Uhr) oder spät (nach 14 Uhr), um einen der heiß begehrten Plätze zu ergattern.

Via dell'Unione 6 | Metro: Duomo | Tel. 02/87 44 01 | Mo–Sa 11.30–15.30 Uhr | €€

⑥ *Hinter antiken Mauern*
TAVERNA MORIGGI C5
Zwischen Mauern aus dem 12. Jh. gibt es in behutsam restauriertem Ambiente authentische Mailänder Lokalküche: Risotto, *ossobuco*, geschmorte Kalbsbäckchen, superdünnes, krosses Schnitzel – alles genau so, wie es die Mailänder lieben.

Via Morigi 8 | Metro: Cordusio | www.tavernamoriggi.com | Di 19.30–22.30, Mi–So 12.30–14.30 und 19.30–22.30 Uhr

Einkaufen

⑦ *Edle Geschenke*
LA RINASCENTE D5
Nicht nur ein Kaufhaus, sondern Tradition und Innovation. Hier gibt es die Weltneuheiten zuerst, und wenn in Mailand heimisch gewordene Süditaliener den Verwandten in Apulien oder Sizilien Geschenke mitbringen, dann kaufen sie sie hier. Das Tradi-

tionskaufhaus direkt am Domplatz gehört zu Mailand wie Harrod's zu London. Auf sieben Etagen gibt es Mode, Accessoires, Parfums und Kosmetik, Spielzeug, Porzellan und edel gestaltete Haushaltswaren, ausgewählten Bürobedarf, Elektronik und für jeden etwas. Dazu im Untergeschoss eine schicke Espresso- und Snackbar sowie ganz oben eine Foodhall mit einzelnen Restaurantcornern. Hier gibt es edel belegte Panini, Steak- und Grillspezialitäten, Sushi, frisch gemixte Smoothies und – das Allerbeste – eine Aussichtsterrasse mit Domblick. Besonders stimmungsvoll bei Sonnenuntergang, und das Restaurant hat bis Mitternacht auf.

Piazza Duomo/Via Santa Radegonda 3 | Metro: Duomo | www.larinascente.it | Mo–Fr 9.30–21, Sa 9.30–22, So 10–21 Uhr

⑧ Kulinarische Leckerbissen
PECK D5

Mailands Feinkosttempel mit 5000 Weinen und allem, was Feinschmeckerherzen höherschlagen lässt. 1883 begann Francesco Peck, den Mailändern geräucherten Schinken schmackhaft zu machen, heute kaufen hier die traditionsbewussten Familien des Mailänder Bürgertums ein. Vor allem die Frischwarenabteilung ist eine Augenweide. Die saftigen Pfirsiche, Kirschen, Trauben und Granatäpfel werden angestrahlt wie beim Juwelier die Schmuckstücke. Natürlich gehören auch eine elegante Espressobar und ein gehobenes Restaurant zum Angebot. Manche Kritiker nennen die Preise allerdings unangemessen hoch.

Via Spadari 9 | Metro: Duomo | www.peck.it | Geschäft: Mo 15–20, Di–Sa 9–20, So 10–17 Uhr, Restaurant Di–So 12–15.30 Uhr

⑨ *La vita è bella*
WAIT AND SEE C6

Die Designerin Uberta Zambeletti hat für viele Große in der Modebranche gearbeitet, bevor sie sich 2010 mit dieser ausgefallenen Modeboutique selbstständig machte. Die Farben, die Stoffe, die Schnitte – alles verbreitet gute Laune in einer schrillen und einmaligen Umgebung.

Via Santa Marta 14 | Metro: Cordusio | Tel. 02/72 08 01 95 | www.waitandsee.it | Mo 15.30–19.30, Di–Sa 10.30–19.30 Uhr

SEMPIONE – MONUMENTALE

Zwischen dem Schlosspark Parco Sempione und dem Monumentalfriedhof verbergen sich originelle Geschäfte und gute Bars für den Aperitif. Früher lag das Viertel am Stadtrand, heute pulsiert hier das Leben – wozu auch Einwanderer aus China ihren Teil beigetragen haben.

Am Anfang des 19. Jh. begann nördlich des Schlossparks **Parco Sempione** bereits die Peripherie. Und es gab noch eine Menge Platz im Vergleich zur dicht besiedelten Innenstadt. Mit der Industrialisierungswelle siedelte sich hier eine ganze Reihe Fabriken an, die heute allesamt stillgelegt sind. Heute ist der Stadtteil zwischen dem **Corso Sempione**, der nach dem Vorbild der Champs-Élysées in Paris als Prachtstraße angelegt wurde, und dem Monumentalfriedhof, den die Mailänder schlicht **Monumentale** nennen, eine beliebte Wohngegend. Vor allem seit Fertigstellung der fünften U-Bahn-Linie, die den Stadtteil unterirdisch durchzieht.

Der Corso Sempione war ursprünglich eine Verkehrsader, die Mailand mit Paris verbinden sollte, und erhielt seinen Namen zu Ehren des Simplonpasses. So wollte es Napoleon, der den Österreichern die Macht über Mailand entrissen hatte und sich einen Triumphbogen bauen ließ, durch den er glanzvoll in die Stadt einzureiten gedachte. Aber Napoleons Herrschaft dauerte gerade mal zehn Jahre, und der Bogen wurde nicht rechtzeitig fertig. Dafür erhielt er später den schönen Namen **Arco della Pace** (Friedensbogen). Heute ist der

Napoleon hatte den Simplonpass als befestigte Straße ausbauen lassen, damit seine Artillerie schneller über die Alpen kam.

Seine Pracht entfaltet das Castello Sforzesco (s. S. 88) vor allem im Inneren. Von außen überwiegt der Eindruck eines mittelalterlichen Wehrbaus.

stadtnahe Teil des Corso Sempione von Szenebars gesäumt und pulsiert zur Aperitifzeit nur so vor Leben.

Die parallel verlaufende **Via Canonica** ist wesentlich ruhiger und eine nicht minder geschichtsträchtige Straße. Hier siedelten sich in den 1920er-Jahren die ersten chinesischen Einwanderer an. Sie übernahmen rasch die Gewohnheiten der neuen Heimat und lernten nicht etwa Italienisch, sondern gleich den Mailänder Dialekt. Spätere Einwanderungswellen aus China gingen nicht so spurlos an der Stadt vorüber. Mailands Chinatown rund um die **Via Sarpi** sorgte in den 2000er-Jahren für Negativschlagzeilen, weil hier Textilwaren im großen Stil verkauft wurden – ohne die entsprechenden Steuern abzuführen und bisweilen mittels gewalttätigen Begleichens von Rechnungen. Doch das gehört der Vergangenheit an, seitdem die Großhändler ihre Lager und Verkaufsräume in die Außenbezirke verlegt haben und mehr kontrolliert werden. Geblieben sind kleine Restaurants mit authentischer chinesischer Küche, ein stadtbekannter Tofu-Shop und die muntere Atmosphäre eines Multikulti-Viertels.

Sehenswertes

 MERIAN TOP 10

① CASTELLO SFORZESCO C4/5

Wehrtürme, Zinnen, Zugbrücke, Wassergraben – die Burganlage wurde von Festungsbaumeistern wie **Bartolomeo Gadio** konzipiert, die zu ihrer Zeit Berühmtheiten waren. **Francesco Sforza** ließ das Castello auf den Ruinen einer Burg bauen, die seine Vorgänger, die Visconti, im 14. Jh. errichtet hatten. Er wollte eine größere, prächtigere Residenz mit stärkeren Befestigungsmauern. Die Innenräume wurden prunkvoll eingerichtet und von Malern wie Vincenzo Foppa, Cristoforo Moretto und Benedetto Ferrini ausgeschmückt. Auch Leonardo da Vinci, den Francesco Sforzas Sohn **Ludovico Il Moro** nach Mailand holte, steuerte einige Fresken bei, die in der **Sala delle Asse** zu sehen sind.

Das Castello ist heute Sitz verschiedener Museen. Im ersten Stock ist Mobiliar aus dem 15. bis 17. Jh. ausgestellt sowie Gemälde aus dem

SEHENSWERTES
① Castello Sforzesco ★
② Parco Sempione
③ Triennale
④ Studio Museo Achille Castiglioni
⑤ Ponte delle sirenette 👁
⑥ Acquario
⑦ Arco della Pace
⑧ Chinatown/Via Paolo Sarpi
⑨ Fabbrica del Vapore
⑩ Cimitero Monumentale ▶

ESSEN UND TRINKEN
① Ceresio 7 ▶
② Cantina di Manuela
③ Bibouq
④ Ravioleria Sarpi
⑤ Living

EINKAUFEN
⑥ Moka Hodeidah
⑦ Triennale Bookstore

ABENDGESTALTUNG
⑧ Triennale Milano Teatro
⑨ Just Cavalli

15. bis 18. Jh., u. a. von Tintoretto und Tiepolo. In der **Rochetta** ist eine der größten und wichtigsten Musikinstrumenten-sammlungen Europas untergebracht sowie die **Biblioteca Trivulziana**. Die Privatbibliothek der Familie Trivulzio ist eine eindrucksvolle Sammlung von über 170 000 Handschriften, die bis ins 8. Jh. zurückgehen. Das wertvollste Ausstellungs-stück im Castello Sforzesco ist aber **Michelangelos »Unvollendete«**. Bis vier Tage vor seinem Tod arbeitete der fast 90-Jährige 1564 an dieser Skulptur, die ursprünglich sein eigenes Grabmal zieren sollte. Die **Pietà Rondanini** zeigt Maria mit dem toten Christus und berührt das Herz mit ihrer traurigen

Zärtlichkeit. Zu sehen ist sie in einem jüngst restaurierten Saal der Burg mit dem Namen **Ospedale Spagnolo** (spanisches Krankenhaus), reich dekoriert mit Fresken. Auf speziellen Führungen lernt man auch unterirdische Geheimgänge der Burg wie die **Strada coperta della Ghirlanda** kennen und die Gepflogenheiten am Hof, erzählt von einer Schauspielerin in der Rolle der Isabella von Aragon, Herzogin von Mailand zur Zeit von Leonardo da Vinci und eine der gebildetsten Frauen ihrer Epoche.

Piazza Castello | Metro: Cairoli | Tel. 02/88 46 37 00 | www.milano castello.it | Burg tgl. 7–19.30, Museen Di–So 9–17.30 Uhr | Eintritt Burg frei, Museen 10 €, erm. 8 €

❷ PARCO SEMPIONE C4

40 ha Grünfläche mitten in der Stadt. Hier spielt sich im Sommer das Leben ab: Familien picknicken unter den Schatten spendenden Bäumen, Kinder lernen das Fahrradfahren, Jugendliche spielen Basketball auf einem Profifeld im hinteren Teil, Rentner treffen sich auf einen Plausch, Hundebesitzer lassen Bello mit seinen Spielkameraden auf den extra eingezäunten Wiesenteilen herumtoben. Abends gibt es Livekonzerte, DJ-Sets oder eine Milonga für Tangobegeisterte. Auch literarische Lesungen finden hier statt. Der Parco Sempione zwischen dem Castello Sforzesco und dem Arco della Pace wurde 1888 als englischer Garten von **Emilio Alemagna** angelegt.

Auf gepflegten Kieswegen geht es durch eine abwechslungsreiche Parklandschaft, Karpfenteich und Miniwasserfall inklusive. 1906 fand hier im Park die Weltausstellung statt, später wurde er auch für große Kundgebungen genutzt.

Am nordwestlichen Ausgang grenzt der Park an die von Napoleon in Auftrag gegebene neoklassische **Arena** von 1807. Sie bietet 30 000 Zuschauern Platz und wurde für alle möglichen Schauveranstaltungen genutzt: geflutet für Schiffsschlachten, trockengelegt für Pferderennen mit römischen Streitwagen und Ritterturniere. Heute finden in der Arena Schulturniere und im Sommer Rockkonzerte statt.

Zwischen dem Castello Sforzesco und dem Arco della Pace erstreckt sich das gepflegte Grün des Parco Sempione.

Piazza Castello | Metro: Cairolo oder Lanza | Okt.–April 6.30–20, Mai 6.30–21, Juni–Sept. 6.30–22.30 Uhr

③ TRIENNALE C4

Modernes Design gibt es überall in der Stadt. Die Boutiquen der Modehäuser sind oft Kunstwerke zeitgenössischen Designs. Wer aber auch an der Geschichte interessiert ist, der sollte einen Besuch in Mailands Designmuseum einplanen. Es ist im ehemaligen **Palazzo dell'Arte** (1932–1933), heute **Triennale** genannt, untergebracht. Hier wird die Entwicklung des italienischen Designs chronologisch nachverfolgt und mit Exponaten u. a. von Enzo Mari, Bruno Munari, Antonio Citterio, Marco Zanuso, Achille Castiglioni und Ettore Sottsass anschaulich in Szene gesetzt.

Auch das Gebäude der Triennale verdient Aufmerksamkeit. Es wurde von Giovanni Muzio, einem Verfechter des Antirationalismus der 1930er-Jahre, entworfen. Im coolen Designcafé

Meerjungfrauen küsst man ... doch! Ein Kuss auf dem Ponte delle Sirenette sorgt angeblich für Treue in jeder Partnerschaft.

sitzt jeder auf einem anderen Designerstuhl. Der beste Moment für einen Besuch des Cafés ist der späte Nachmittag, dann kann man nämlich direkt zum Essen bleiben: Von der glasüberdachten Terrazza auf dem Dach des Gebäudes hat man einen tollen Blick über den Parco Sempione, das Castello und die Mailänder Skyline. Und wer links um das Gebäude herumgeht, wird entlang der Fassade eine bunte Fensterfront entdecken und im kleinen Park hinter der Triennale Giorgio de Chiricos verspielte »Fontana Metafisica«.

Viale Alemagna 6 | Metro: Cadorna | www.triennale.org | Di–So 10.30–20.30 Uhr | Eintritt 11 €, erm. 9.50 €

❹ STUDIO MUSEO ACHILLE CASTIGLIONI C5

Achille Castiglioni (1918–2002) war eine Ikone des Designs und ist für die Studierenden an den Mailänder Designschulen ein Maestro, an dem sie sich bis heute orientieren. Einige seiner Objekte sind auch im New Yorker Museum of Modern Art zu sehen. Entdeckerlust und Humor sind Eigenschaften, die nicht nur Castiglionis Charakter prägten, sondern auch seine

Kreationen: Stehlampe »Arco«, Hocker »Mezzadro«, Stand-aschenbecher »Servofumo«, Kleiderständer »Servomuto«. Nach seinem Tod machte seine Familie gemeinsam mit dem Designmuseum Triennale aus seinem Studio ein Museum. Besichtigung nur mit Führung und nach Voranmeldung. Die Führung dauert eine Stunde.

Piazza Castello 27 | Metro: Cadorna | Tel. 02/80 536 06 | www.achille castiglioni.it | Führungen Di–Fr 10, 11, 12, Do 18.30, 19.30, 20.30 Uhr, Sa nur bei min. 15 Personen | Eintritt 15 €, erm. 10 €

IM VORBEIGEHEN ENTDECKT

⑤ PONTE DELLE SIRENETTE C4

So unscheinbar es heute erscheint, so skandalös war dieses Brückchen 1842, als es eingeweiht wurde. Nicht nur, weil es die erste Metallbrücke Italiens war, sondern vor allem wegen der halbnackten Meerjungfrauen, die es schmücken. Wenn man den Mailändern glauben darf, schützt ein Kuss auf der Brücke jedes Liebespaar vor dem Fremdgehen. Nachdem der Naviglio della Martesana, der Kanal, über den sie ursprünglich führte, mit einem Deckel versehen und die Brücke überflüssig wurde, kam der Ponte delle sirenette kurzerhand als Deko in den Parco Sempione.

Piazza Castello | Metro: Cairolo oder Lanza

⑥ ACQUARIO C4

Ein bezaubernder Jugendstilpavillon, eingebettet in den Schlosspark, ist Heimat für allerlei Wassertiere. Gebaut wurde er 1906 für die Weltausstellung und anlässlich der Expo 2015 wunderschön restauriert. Die von der Firma Richard Ginori angefertigten Majoliken im Stil der Wiener Sezession umringen wie ein Blumenreigen den ersten Stock. Im Innern wird der Besucher von der faszinierenden Reise des Wassers und seiner Bewohner (darunter auch Riesenmuränen) von der Bergquelle bis in Seen und Meere mitgerissen.

Viale G. B. Gadio 2 | Metro: Lanza | Tel. 02/88 46 57 50 | www.acquario civicomilano.eu | Di–So 9–17.30 Uhr | Eintritt 5 €, erm. 3 €

Expo 2015 – und was kam dann?

Die Weltausstellung Expo 2015 war für Mailands städtebauliche Erneuerung die Initialzündung. Sie fand nordwestlich der Stadtgrenze auf einer Fläche von 1,1 Quadratkilometern statt, die bis dahin teils landwirtschaftlich genutzt wurde, teils brach lag. Der Plan mit dem Mailand den Zuschlag für die Ausrichtung dieser gigantischen Messe mit 20 Millionen Besuchern bekommen hatte, sah riesge Grünflächen und ein umfangreiches Radwegenetz vor, das so aber leider (noch) nicht realisiert werden konnte. Auch die Infrastrukturmaßnahmen hinkten dem Zeitplan hinterher, und an den neuen Straßen, Zufahrten und Autobahnteilstücken konnten sich die Mailänder erst Monate oder sogar Jahre später erfreuen. Kurz vor Eröffnung wurde es auch mit dem Bau der Pavillons knapp, und ein **Bestechungsskandal**, bei dem Manager und Politiker in Untersuchungshaft kamen, überschattete das Ganze.

Trotzdem war die Expo 2015 für Mailand ein großer Erfolg. **Aufbruchsstimmung** und Baueifer haben seitdem nicht mehr nachgelassen. Nur das Messegelände schloss mit dem Ende der Weltausstellung erst einmal die Tore und verfiel in Lethargie. Der Abbau der Pavillons hatte Vorrang, und der zog sich hin. Von 54 Pavillons waren nach einem Jahr gerade einmal 26 verschwunden. Das lag bei einigen auch an der nicht im Vorfeld geklärten Frage, was mit den Messebauten denn später passieren sollte.

Für manche fanden sich kuriose Lösungen. So steht der Expo-Pavillon Uruguays heute im Dorf Origgio im Mailänder Hinterland und beherbergt ein Ethno-Restaurant. Die Bänke aus dem Deutschen Pavillon dienen den Mailändern heute im öffentlichen Raum für eine Ruhepause, und die Skulptur eines riesigen Apfels des Künstlers Michelangelo Pistoletto wurde mit weißem Marmorpulver überzogen und auf dem Platz vor dem Hauptbahnhof aufgestellt. Der »Albero della Vita« (Baum des Lebens) – das einstige Herzstück der Expo – blieb, wo er war, und wurde nur zu Sommerevents wie »Parco EXPerience« mit Rockkonzerten und Freiluftkino sporadisch wieder zum Leben erweckt.

Im Mai 2018 leuchtete er dann zu einem wichtigen Anlass: Das Expo-Gelände wurde offiziell **Milano Innovation District (Mind)** getauft und ein Masterplan entwickelt. Das Projekt ist ehrgeizig. Bis 2023 soll eine Stadt vor der Stadt entstehen, mit 40 000 Menschen, die hier leben und arbeiten. Rund um den Palazzo Italia ist ein interdisziplinäres Forschungszentrum namens **Human Technopole** für Medizin, Biomedizin und Biotechnologie geplant, an dem die Erforschung des menschlichen Genoms und degenerativer Krankheiten wie Alzheimer und Parkinson im Mittelpunkt stehen. In Anlehnung an das Thema der Expo »Feeding the Planet, Energy for Life« (Den Planeten ernähren, Energie für das Leben) sollen auch die Ernährungswissenschaften vertreten sein. Finanziert wird das Ganze vom italienischen Staat mit 800 Millionen Euro. Außerdem wird sich die staatliche Universität von Mailand (Statale) mit neun wissenschaftlichen Fakultäten und knapp 20 000 Studierenden auf dem ehemaligen Expo-Areal ansiedeln. 400 Millionen Euro beträgt das Investitionsvolumen für diesen Bau. Human Technopol und die Universität sollen private Firmen aus dem Bereich der medizinischen und pharmazeutischen Forschung anziehen, mit denen sich Synergieeffekte ergeben können.

Auch die renommierte orthopädische Klinik Galeazzi plant, aus der Innenstadt auf das Gelände umzuziehen. Geschätzte Kosten: 25 Millionen Euro.

Es wird also wieder gebaut auf dem Gelände. Doch auch diesmal gibt es Schattenseiten. 2019 wurde ein Korruptionsring ausgehoben, an dem auch ein Regionalpolitiker und Delegierter für die Nutzung des Expo-Geländes beteiligt war. Seit der 2020 durch den Coronavirus ausgelösten Wirtschaftskrise ist der ohnehin schon überschuldete italienische Staat mit öffentlichen Ausgaben sparsam. Wie und in welchem Tempo es mit dem ambitionierten Projekt des Milano Innovation District weitergeht, wird sich zeigen.

Ein bisschen China in Italien. Auch in der Via Paolo Sarpi schmücken chinesische Einwanderer und ihre Nachfahren die Straßen mit roten Laternen.

❼ ARCO DELLA PACE B/C4

Nachdem sich Napoleon Bonaparte 1805 im Mailänder Dom zum König Italiens hatte krönen lassen, war er sich seiner Herrschaft so sicher, dass er den Architekten **Luigi Cagnola** mit einem Triumphbogen beauftragte. Als Standort wurde die Piazza Sempione ausgewählt, weil von dort eine Straße, der Corso Sempione, ihren Anfang nahm, die Mailand mit Paris verband. Als Napoleon zehn Jahre später abdanken musste, war der Bogen aus Marmor erst zu zwei Drittel fertig, und das Projekt wurde erst einmal gestoppt. 1826 ordnete Kaiser Franz I. von Österreich die Wiederaufnahme des Baus an und änderte den Namen in Friedensbogen. Eingeweiht wurde das 25 m hohe Bauwerk schließlich 1838. Knapp 20 Jahre später hatte sich die politische Lage wieder einmal vollkommen verändert, und der Bogen wurde zum Monument der italienischen Unabhängigkeit.

Piazza Sempione | Straßenbahn: Corso Sempione/Via Canova

⑧ CHINATOWN/VIA PAOLO SARPI C3

Fast 20 000 chinesische Einwanderer leben in Mailand. Die wenigsten jedoch hier. Das Viertel wird überwiegend von Italienern bewohnt. Warum es dennoch Chinatown heißt? Weil der Handel in und um die Via Paolo Sarpi komplett in chinesischer Hand ist. Seitdem die Hauptachse des Viertels Fußgängerzone geworden ist, lässt sich hier wunderbar flanieren. Die Cafés laden zum Verweilen ein, auch wenn das geschäftige Treiben, das man hier früher beobachten konnte, zurückgegangen ist. Der Grund ist ganz simpel: Die chinesischen Händler haben ihre Depots an den Stadtrand verlegt.

Via Paolo Sarpi | Metro: Monumentale

⑨ FABBRICA DEL VAPORE C3

1899 zog die Firma Carminati, Toselli & Co. in die Via Messina 9, um hier Straßenbahnen und Dampfloks zu bauen. Die charakteristischen alten Mailänder Straßenbahnen, von denen heute immer noch einige durch die Straßen rumpeln, sind die letzten Zeugen dieser Epoche. Bis 1920 expandierte der Betrieb massiv und schuf ein zusammenhängendes Firmengelände in den Straßen Procaccini, Nono und auf der Piazza Coriolano. Dann folgte der langsame Niedergang, das Gelände wurde im Zweiten Weltkrieg durch Fliegerbomben schwer beschädigt, und nach Kriegsende siedelten sich in den Fabriken und Lagerhallen Druckereien, textilverarbeitende Industrie und pharmazeutische Unternehmen an.

Im Zuge des Strukturwandels hat die Stadt Mailand das 30 000 m² große Areal 2008 restauriert und ein Zentrum für moderne Kunst, Kultur und Innovation geschaffen, das vor allem den Ideen und der Arbeit junger Leute Raum geben soll. Junge Designer, Musiker, Tänzer, Fotografen, Schauspieler und bildende Künstler haben hier neue Wirkungsstätten gefunden. Die einstige verwahrloste *area dismessa*, wie die Mailänder postindustrielle Brachflächen nennen, ist zu einem kulturellen Anziehungspunkt für die ganze Stadt geworden.

Via Giulio Procaccini 4 | Metro: Monumentale | www.fabbricadelvapore. org

5 MERIAN EMPFEHLUNG

❿ CIMITERO MONUMENTALE C2/3

Ruhestätte namhafter Persönlichkeiten und Italiens größtes Skulpturen-Freilichtmuseum. 1860 gewann Carlo Maciachini die Ausschreibung für die Schaffung dieses monumentalen Friedhofs mit einer Fläche von 250 000 m². Hier sollten im Gegensatz zum Cimitero Maggiore mit seinen Grabreihen für die gewöhnlichen Bürger die wohlhabenden Mitglieder des Mailänder Bürgertums bestattet werden, und zwar auch jüdische und protestantische. Kriterium für einen Bestattungsplatz war also nicht die Religionszugehörigkeit (wie es sonst üblich war), sondern Vermögen und Besitz.

Diese Exklusivität wurde von der politischen Linken damals als diskriminierend angeprangert, gebaut wurde der Monumentale, wie die Mailänder diesen Friedhof vereinfacht nennen, trotzdem. Aber nicht nur die illustren Verstorbenen machen einen Spaziergang hier zur Pflicht, auch die teils bizarren (Grab-)Kunstwerke. Neben vielen Jugendstilgräbern gibt es griechische Tempel, eine Sphinx, eine Pyramide, Mausoleen aller Art und überall Engel aus Marmor und Bronze. Das **Grabmal der Unternehmerfamilie Motta,** die 1919 ihre erste Bäckerei in Mailand eröffnete, erinnert nicht zufällig in seiner zylindrischen Form, entworfen von dem Künstler Giacomo Manzù, an einen Panettone. Der typische Mailänder Weihnachtskuchen war der Auftakt für eine rasante Erfolgsgeschichte. Motta ist heute ein Backwarenimperium, das in Italien jeder kennt. Die Skulpturengruppe von Giannino Castiglioni, die das **Grab von Davide Campari**, des Erfinders des gleichnamigen knallroten Likörs, schmückt, trägt im Volksmund den Spitznamen »Der letzte Aperitif«, weil sie die Jünger Jesu beim letzten Abendmahl darstellen. Vorbild war Leonardo da Vincis Wandgemälde.

Einen Plan mit den interessantesten Grabstätten und den Namen der Künstler, die am Werk waren, gibt es am Eingang.

Piazzale Cimitero Monumentale | Metro: Monumentale | Di–So 8–17.30 Uhr, Mo nur an Feiertagen | Eintritt frei, bis 30 Min. vor Schließung

Mit dem Cimitero Monumentale schuf Carlo Maciachini eine prachtvolle Nekropole für die Mailänder Oberschicht.

Essen und Trinken

 MERIAN EMPFEHLUNG

① *Designtempel mit Ausblick*
CERESIO 7 C3

Bar und Restaurant befinden sich auf dem Dach des ehemaligen Palazzo dell'Enel aus dem Jahr 1940. Restauriert wurde er vom hippen kanadisch-italienischen Modelabel Dsquared[2], das hier sein Headquarter eingerichtet hat. Hinter dem Label stecken die Designer und Zwillingsbrüder Dean und Dan Caten, die auch für das Design des Ceresio 7 verantwortlich sind. Cool und chic wie NYC soll es sein, und so sind auch die Preise. Aber bei einem Aperitif (ab 15 €) von der Terrasse mit Blick über die neue Mailänder Skyline lernt man mehr über den architektonischen Wandel der Stadt als bei so mancher Führung. Im Sommer werden die Drinks auch am Rand zweier Pools serviert, die tagsüber ein äußerst exklusives Badepublikum empfangen (Eintritt ab 80 € pro Person).

Via Ceresio 7 | Metro: Monumentale | Tel. 02/31 03 92 21 | www. ceresio7.com | Restaurant 12.30–15 und 19.30–23 Uhr, American Bar 12.30–1 Uhr | €€€€

② *Saisonal und kreativ*
CANTINA DI MANUELA B3

Ein Paradies für Weinliebhaber nahe des Monumentalfriedhofs. Ursprünglich als Enothek gestartet, ist dieses

Lokal inzwischen auch für seine genuine Küche bekannt. Die Speisekarte ist saisonal, die Zutaten knackig frisch.

Via Procaccini 41 | Metro: Monumentale | Mo–Sa 12–15 und 18–1 Uhr | €€€

③ Wein und Blumen
BIBOUQ B3

In dem kleinen Lokal und Geschäft im Norden des Sempione-Viertels vereinen Marco und Melissa ihre Leidenschaften. So kann man hier in Ruhe erstklassigen Wein degustieren, dazu Oliven, Prosciutto und Parmesan snacken und sich derweil ein prachtvolles Blumenbouquet zusammenstellen lassen. Wie gemacht für die Mailänder, die in Geschäften gar nicht gerne warten.

Via G. Fauché 35 | Metro: Gerusalemme | Tel. 02/89 07 49 90 | www.bibouq.it | Mi–So 18–22 Uhr | €€

④ Fingerfood vom Feinsten
RAVIOLERIA SARPI C3

Mittags ist der kleine Laden brechend voll. Macht aber nichts, die Ravioli isst man sowieso auf dem Gehsteig. Die Qualität der Zutaten hat sich wie ein Lauffeuer in der Stadt herumgesprochen: Eier und Gemüse stammen aus Bioproduktion, das Fleisch liefert der renommierte Metzger Sirtori von nebenan.

Via Paolo Sarpi 27 | Metro: Monumentale | tgl. 10–15 und 16–22 Uhr | Tel. 0331/887 05 96 | www.facebook.com/ravioleriasarpi

⑤ Üppiger Aperitif
LIVING C4

Rund um diesen Platz liegt eine Loungebar an der anderen, aber das Living ist doch am schönsten. Und es hat wirklich immer geöffnet! Im ehemaligen Postamt laden weiche Kissen zum süßen Nichtstun ein. Der Aperitif wird von einem üppigen Büfett begleitet, das das Abendessen ersetzt. Hier treffen sich gerne die Journalisten vom nahe gelegenen Fernsehsender RAI.

Piazza Sempione 2 | Straßenbahn: Corso Sempione/Via Canova | Tel. 02/33 10 08 24 | www.livingmilano.com | Mo–So 7–2 Uhr

Einkaufen

⑥ Kaffee und Co.
MOKA HODEIDAH B3

1946 als Kolonialwarenhandlung gegründet, versprüht

diese kleine Kaffeerösterei einen nostalgischen Charme. Neben Kaffee, den man auch an der Bar trinken kann, gibt es Schokoladenraritäten und immer ein paar *cicche*, also Besonderheiten. Den Kaffee kann man frisch geröstet direkt mitnehmen. Die Retro-etiketten auf den Kaffeedosen machen daraus auch ein schönes Geschenk.

Via Piero della Francesca 8 | Metro: Gerusalemme | www. hodeidah.it | Mo–Sa 7–19.30 Uhr

⑦ *Bücher*
TRIENNALE BOOK-STORE C4

In der Buchhandlung des Designmuseums Triennale kann man gut stöbern, und im Museumscafé gleich nebenan gibt es dazu Espresso und hausgemachten Kuchen.

Viale Emilio Alemagna 6 | Metro: Cadorna | Di–So 10.30–20.30, Do 10.30–23 Uhr

Abendgestaltung

⑧ *Fusion-Konzept*
TRIENNALE MILANO TEATRO C4

1974 unter dem Namen CRT – Centro di Ricerca per il Teatro (Theater-Forschungs-zentrum) gegründet, bleibt diese Bühne auch nach ihrem Zusammengehen mit dem Designmuseum Triennale ein Garant für überraschende Inszenierungen. Sie verbinden darstellende Kunst, modernen Tanz und Musik mit Design, Architektur und Mode.

Viale Emilio Alemagna 6 | Metro: Cadorna | Tel. 02/72 43 42 58 | www.triennale.org | €–€€

⑨ *Schick und stylish*
JUST CAVALLI C4

So schrill wie die Kreationen von Designer Roberto Cavalli ist auch seine Party-Location am Fuß der **Torre Branca,** einem Aussichtsturm im Schlosspark. Los geht's mit dem Aperitif um 19.30 Uhr, dann tummelt sich im Garten das gestylte Jungvolk. Im Restaurant gibt's Champagner, Austern und Kaviar, und danach wird im Club bis in die Morgenstunden getanzt. Musik strikt elektronisch, mit italienischen und internationalen DJs. Wer den Glamour der Modestadt Mailand erleben will, ist hier richtig.

Viale Luigi Camoens | Metro: Cadorna | www.justcavallimilano. com | Restaurant tgl. 20–1, Club 23.30–4 Uhr | €€€€

»Jetzt machen wir es vor«

Aufgewachsen im Ruhrgebiet, lebt und arbeitet der deutsche Landschaftsarchitekt **Andreas Kipar** seit mehr als 30 Jahren in Mailand. Er hat zur grünen Welle in der Raumgestaltung beigetragen, war an den Planungen der Expo 2015 und des Viertels Porta Nuova beteiligt und arbeitet an Mailands ehrgeizigem Projekt zur neuen Nutzung des Expo-Areals mit.

Herr Kipar, war Mailand Ihr Traumziel?
Andreas Kipar: Als ich mein Studium abgeschlossen hatte, sagte mein Professor: »Kipar, du bist mir zu unruhig. Du musst mal raus.« Ich träumte von der Toskana und fuhr nach Florenz, um dort als Landschaftsarchitekt anzuheuern. Das klappte aber nicht, und als ich mit dem Zug zurück nach Deutschland fuhr, machte ich einen Zwischenstopp in Mailand. Ich sah mir das Castello Sforzesco an, kam ins Gespräch mit einem Stadtplaner und erzählte ihm von meinem gescheiterten Vorhaben. Er fragte, ob ich auch Bäume pflanzen könne. Als ich das bejahte, bot er mir an, an der Gestaltung des Parco Nord mitzuwirken. Auf einer Fläche von 600 Hektar, teils Industrieflächen, teils Brachland, teils landwirtschaftlich genutzter Boden, entstand seit den 1980er-Jahren Stück für Stück ein Naherholungsgebiet mit unglaublich viel Baumbestand. Ich war fasziniert. Und so pflanzte ich jahrelang erst einmal Bäume.

Und in Ihrer Freizeit entwickelten Sie neue Visionen für die Stadt?
Ich lernte Mailand immer besser kennen und dadurch auch lieben. Klar, als ich drei Monate auf der Stahlschlackenhalde des Breda-Konzerns im Nordpark stand, hab ich mir schon gedacht, ich hätte auch in Gelsenkirchen bleiben können. Aber es war dann doch ein anderes Arbeiten, informeller und in kleineren Schritten, als ich es aus Deutschland kannte. Und diese »Stück für Stück«-Vorgehensweise ist Teil meiner Arbeitsphi-

»Was wir heute noch nicht realisieren können, weil die Zeit noch nicht reif ist, halten wir als Entwurf bereit, weil wir wissen, sie wird reif.«

losophie geworden. So ist es auch mit meinem Masterplan »Raggi verdi« (Grüne Strahlen), den ich über viele Jahre ausgearbeitet habe. Es ist meine Vision von ineinanderfließenden grünen Arealen, die sich strahlenförmig bis in die Peripherie ausbreiten. Dabei gilt: Was wir heute noch nicht realisieren können, weil die Zeit noch nicht reif ist, halten wir als Entwurf bereit, weil wir wissen, sie wird reif.«

Mailand hat architektonisch anlässlich der Expo 2015 Pionierarbeit geleistet und ist seitdem in einem Wandel begriffen, der kein Ende zu nehmen scheint.
Mailand gibt sich nicht als die Stadt, die schon irgendwo angekommen ist, sondern als eine Stadt, die sucht. Und das könnte für Mailand die Möglichkeit eröffnen, sich ganz neu zu finden. Die stadtplanerischen Projekte rund um die Expo 2015 haben die Stadt international neu positioniert. Besucher aus der ganzen Welt kommen, um zu sehen, was wir hier geschaffen haben. Mailand hat viele Jahre mit Bewunderung auf den Strukturwandel anderswo geschaut, aber dann kam dieser spezielle Moment, wo es hieß: Jetzt gucken wir nicht mehr zu, jetzt machen wir es vor. So wurde Mailand zum Motor einer Entwicklung, die noch längst nicht abgeschlossen ist. Und Landschaft ist dabei kein Mitläufer mehr, sondern der Vorläufer.

ISOLA – GARIBALDI

Auf zwei ganz verschiedene Welten trifft man nördlich und südlich des Stadtbahnhofs Garibaldi. Jenseits des Bahnhofs liegt das alternative Handwerker- und Künstlerviertel Isola, diesseits das bürgerliche Garibaldi, das sich gerade architektonisch neu erfindet.

Bis vor 20 Jahren war **Isola** alles andere als ein einladendes Viertel. Sein Name bedeutet schlicht »Insel«. Isola lag durch die Gleise des Stadtbahnhofs Garibaldi abgeschnitten vom Rest der Stadt. Die Häuser wirkten heruntergekommen, die Bewohner ein bisschen schmuddelig. Es war ein Arbeiter- und Handwerkerviertel mit den typischen *case a ringhiera*, mehrstöckigen Mietshäusern mit Wohnungen, die sich eine Loggia mit Blick auf den Innenhof teilen. Im Erdgeschoss lagen die *botteghe*, die Werkstätten. Vom Tischler bis zum Klempner war hier alles zu finden. Die übrigen Mailänder verliefen sich höchstens am Samstag hierher, wegen des Marktes auf der **Piazzale Lagosta**, einem der größten Mailänder Wochenmärkte. Das hat sich schlagartig geändert, seit Künstler und Kreative das Viertel für sich entdeckt haben. Viele Werkstätten sind heute angesagte Szenetreffs. Abends kommt das Ausgehvolk nach Isola, es wird voll und laut. Tagsüber geht es dagegen geruhsam zu, und ein Streifzug durch das alte Handwerkerviertel ist auch eine kleine Zeitreise.

Die südliche Begrenzung des Viertels Isola ist der Stadtbahnhof Garibaldi. Auf der anderen Seite der Gleise ist man dem Mailänder Zentrum schon ein ganzes Stück näher: geografisch und auch gefühlsmäßig. Denn **Garibaldi** ist ein bürgerliches Viertel mit Villen und eleganten Straßenzügen wie dem **Corso Garibaldi**. Er ist mit seinen Geschäften, Boutiquen, Parfümerien und Cafés zum Bummeln wie gemacht.

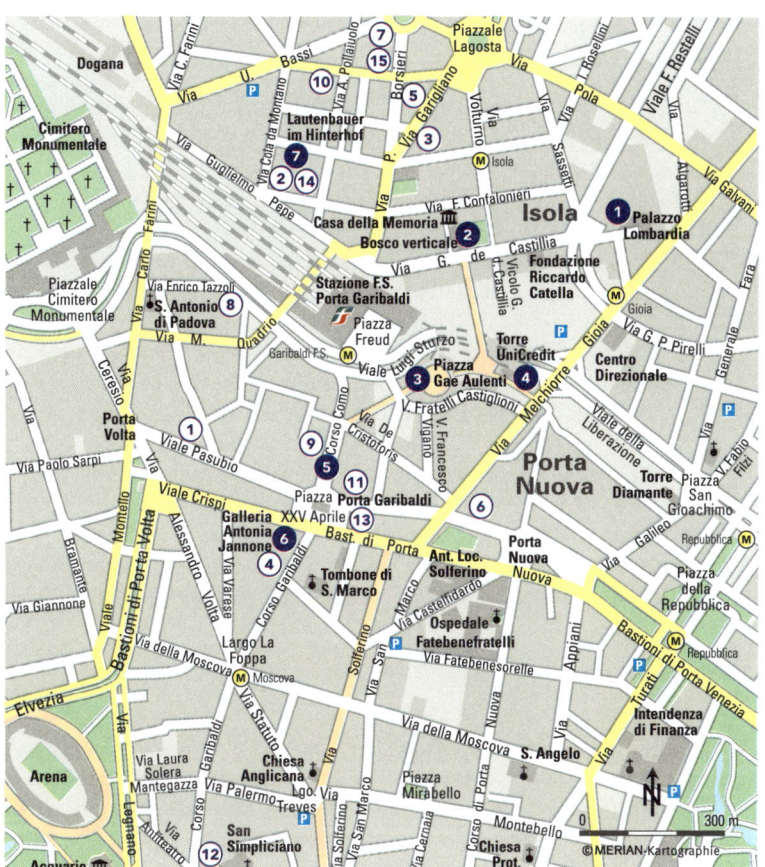

SEHENSWERTES

1. Palazzo Lombardia
2. Bosco verticale
3. Piazza Gae Aulenti ⭐
4. Torre UniCredit
5. Corso Como
6. Galleria Antonia Jannone
7. Lautenbauer im Hinterhof 👁

ESSEN UND TRINKEN

1. Antica Trattoria della Pesa
2. Capra e Cavoli
3. L'Anima Soul Food & Café
4. Panino Giusto
5. Stravagario Bistrot
6. Cinghiale Rosso
7. Nord Est Cafè

EINKAUFEN

8. 10 Corso Como
9. Natsuko Toyofuku
10. Frida
11. High Tech Cargo
12. My Fragrances
13. Eataly

ABENDGESTALTUNG

14. Teatro Verdi
15. Blue Note

Seine Verlängerung, der **Corso Como**, ist ein Mikrokosmos, der erst abends voll zum Leben erwacht. Anders als in Isola tummeln sich hier weder junge Alternative noch linke Intellektuelle, sondern Stars und Sternchen aus dem TV- und Showbusiness (Mailand ist Sitz der Mediaset-Gruppe von Silvio Berlusconi) und die Fußballer der Mailänder Clubs. Glamour ist also garantiert, und die Türsteher entscheiden gnadenlos nach Schönheit, Brieftasche oder Bekanntheitsgrad. Und die neuen architektonischen Wahrzeichen der Stadt sind nur einen Steinwurf entfernt: der **Torre UniCredit**, die **Piazza Gae Aulenti** und die **Bosco verticale** genannten Wohnhochhäuser des Architekten Stefano Boeri. Hier ist ein Geschäfts- und Wohnviertel entstanden, das in seiner blitzblanken Modernität für die wiedergefundene Identität der Stadt als Pionierin in Sachen Stadtplanung steht.

Auf dem verkehrsberuhigten Corso Como ist immer etwas los.

Sehenswertes

① PALAZZO LOMBARDIA E3

In diesem 2011 fertig gestellten Hochhaus sitzt **Mailands Stadtregierung**. Das neue Gebäude sollte Bürgernähe, Transparenz und Kommunikation ausstrahlen. Das ist durch den internen Patio – Europas größten überdachten Platz – in der Tat gelungen, wo auch Cafés und Restaurants angesiedelt sind. Das Beste: An bestimmten Tagen ist der 39. Stock für Besucher geöffnet und per Aufzug zu erreichen. Die Aussicht über Mailand ist fantastisch.

Piazza Città di Lombardia 1 | Metro: Gioia

② BOSCO VERTICALE (SENKRECHTER WALD) D3

Kaum zu glauben, aber hier wachsen 20 000 m² Wald senkrecht in die Höhe. Die beiden von Stefano Boeri entworfenen Wohntürme sind eines der spektakulärsten Bauprojekte im Zuge der architektonischen Neuerfindung Mailands. Hier ge-

In 32 m Höhe überspannt ein gigantisches Glasdach die Piazza Città di Lombardia, das 4000 m² große Forum des Palazzo Lombardia.

sellt sich zu den üblichen Verdächtigen Stahl, Glas und Aluminum nämlich auch viel Grün. 800 Bäume, 5000 Büsche und 14 000 weitere Pflanzen »bewohnen« die Wolkenkratzer, sie scheinen aus jeder Ritze herauszuwachsen.

Via De Castillia/Via Confalonieri | Metro: Isola

MERIAN TOP 10

❸ PIAZZA GAE AULENTI D3

Der neueste Platz der Stadt. Umgeben von ultramodernen Wolkenkratzern mit viel Glas, Stahl und Holz. Ganz in der Nähe des Stadtbahnhofs Porta Garibaldi war hier früher einfach nur Brachland. Das ehrgeizige Projekt entstand im Gesamtplan der Weltausstellung Expo 2015 und unterstreicht Mailands nationale Vorreiterrolle im innovativen Bauen. Ob diese Wucht an Moderne gefällt, ist Geschmackssache, aber beeindruckend ist sie in jedem Fall.

Piazza Gae Aulenti | Metro: Garibaldi

❹ TORRE UNICREDIT D3

Viel Stahl und Glas machen diesen Hochhauskomplex von 2012 aus, der eigentlich aus drei Türmen besteht. Sie umrahmen die Piazza Gae Aulenti und scheinen nach dem Himmel greifen zu wollen. Der argentinische Architekt César Pelli traf offensichtlich den Geschmack der Mailänder, in einer Zeitungsumfrage wurde der 231 m hohe Sitz der italienischen Bank UniCredit zum schönsten Wolkenkratzer der Stadt gewählt. Er prägt die neue Skyline Mailands, nachts leuchtet seine Spitze bisweilen in verschiedenen Farben.

Piazza Gae Aulenti 3 | Metro: Garibaldi

⑤ CORSO COMO D3

Diese Flaniermeile der Nachtschwärmer ist tagsüber eine verkehrsberuhigte Straße mit schön herausgeputzten Häusern, interessanten Geschäften und stimmungsvollen Cafés – einfach schön zum Bummeln.

Metro: Garibaldi

⑥ GALLERIA ANTONIA JANNONE D3

Die Galerie ist seit ihrer Eröffnung 1979 eine Pilgerstätte für alle, die sich für die Architektur der 1920er- und 1930er-Jahre interessieren. Sie organisiert zwischen fünf und acht Wechselausstellungen im Jahr. Teilweise sind sie bekannten Architekten wie Mario Botta gewidmet, teilweise jungen, noch unbekannten Talenten. Gezeigt werden Skizzen, Skulpturen, Gemälde und Objekte.

Corso Garibaldi 125 | Metro: Moscova | www.antoniajannone.it | Di–Sa 15.30–19.30 Uhr

◉ IM VORBEIGEHEN ENTDECKT

⑦ LAUTENBAUER IM HINTERHOF D3

Die Werkstatt von Maestro **Lorenzo Lippi**, der seit Ende der 1970er-Jahre in Isola lebt, ist ein Erlebnis. In seiner Bottega baut er Geigen und Mandolinen. Gefragt ist auch seine Fachkenntnis bei der Restaurierung historischer Instrumente. Isolas Innenhöfe sind überhaupt eine Schatzkammer und von der Straße oft nicht zu sehen. Aber es lohnt sich, auf gut Glück den Kopf hineinzustecken, wenn ein Tor aufsteht.

Via Pastrengo 12 | Metro: Garibaldi | unregelmäßig geöffnet

Der Corso Como, Mailands »bessere Gegend«, erwacht erst am Abend zum Leben. Und dann geht die Party bis in die Morgenstunden.

Essen und Trinken

① *Historie und Tradition*
ANTICA TRATTORIA DELLA PESA D3

Eines der ältesten Restaurants der Stadt und der Tradition verpflichtet, in der Einrichtung mit Originalboden und charakteristischem Kachelofen, aber auch in der Küche. Seit 1880 kommt hier lombardische Küche auf den Tisch. Als Vorspeise empfehlen sich die Schinken- und Salami-Spezialitäten, es gibt aber auch einen Vorspeisenteller für Vegetarier. Unter den Hauptgängen brillieren die Fleischgerichte. Zum Nachtisch muss man unbedingt eine Zabaione nehmen. Die kalorienreiche Creme mit Ei und einem Schuss Marsala wird wie früher in Gläsern serviert. Zum Aperitif oder für die Kaffeepause gibt es Il piccolo, ein der Trattoria angeschlossenes Café. Hier treffen sich gerne Briten, die in Mailand leben und Fußballspiele von Arsenal oder Chelsea auf dem großen Bildschirm verfolgen. Viale Pasubio 10 | Metro: Garibaldi | Tel. 02/6 55 57 41 | www. anticatrattoriadellapesa.com | Mo–Sa 12.30–14.30 und 19.30– 23 Uhr | €€€

② *Kunst, Küche, Garten*
CAPRA E CAVOLI D3

»Restaurant« ist zu kurz gegriffen, um diesen Ort zu beschreiben. Man sitzt an einfachen Holztischen in einer Gartenoase, als wäre man auf dem Land. Das Essen ist modern-alternativ und saisonal. Viel Gemüse, wenig Saucen und ausgewählte Zutaten. Die Desserts und Kuchen sind sensationell. In kürzester Zeit ist hier das pulsierende kulinarische Zentrum der neuen Isola-Generation entstanden. Aber nicht nur: Mailänder aus der ganzen Stadt pilgern hierher, vor allem zum Sonntagsbrunch, der stolze 30 € kostet, aber keine Wünsche offen lässt. Unbedingt probieren sollte man den Aprikosenkuchen, die Schokoladentorte und die sagenhaften Birnen-Ingwer-Cupcakes. Angesichts des Ansturms hat die Besitzerin inzwischen zwei *turni* eingeführt. Entweder man bruncht von 12 bis 13.30 oder von 14.30 bis 15 Uhr.

Via Pastrengo 18 | Metro: Isola | Tel. 02/87 06 60 93 | www.capraecavolimilano.it | Di–Sa 19.30–23.30, So 12–13.30 und 14.30–15 Uhr | €€

③ *Burger und Bier vom Feinsten*
L'ANIMA SOUL FOOD & CAFÉ D2

Das Lokal nahe der Piazzale Lagosta war der Pionier für einen Trend, der sich in ganz Mailand verbreitet hat. Denn hier gibt es handgemachte Burger aus Premiumfleisch, serviert mit frischem Salat. Die italienische (gesündere) Variante des amerikanischen Klassikers sozusagen. Und es passt zu einem weiteren Trend, der in Mailand Fuß gefasst hat: Bier statt Wein. Aber so gemütlich und familiär wie bei Simone und Matteo, die sechs Jahre in London gelebt haben, ist es nicht überall. Die einfachen Holztische und Stühle erinnern an traditionelle Trattorien, in denen die Handwerker des Viertels früher gemeinsam zu Mittag aßen. Natürlich stehen auch italienische Köstlichkeiten auf der Karte: gefüllte Auberginen, gebratene Scampi und Krebse oder Bruschetta (geröstete Brotscheiben) mit Stracciatella (ein Frischkäse aus Apulien), Zucchini und gerösteten Mandeln. Und am Sonntag gibt es Brunch. Wer will,

Ravioli mit Spinat und Ricotta kennt jeder, aber in der Antica Trattoria della Pesa (s. S. 109) sind die Teigtäschchen ein ganz besonderer Genuss.

kann auch draußen sitzen: Vor dem Lokal sind ein Dutzend bunte Metalltische aufgestellt.

Via Garigliano 6 | Metro: Isola oder Zara | Tel. 02/36 56 00 25 | Di–Fr 12–15.30 und 18.30–24, Sa 19.30–24, So 12–17 Uhr | €€

④ *Der Brötchenmeister*
PANINO GIUSTO D3
Seit 1979 gibt es hier raffiniert belegte Brötchen in gediegener Atmosphäre. Ein bisschen versnobt, aber das lieben die Mailänder gerade! Natürlich gibt es Klassiker wie Mozzarella & Rucola, aber auch außergewöhnliches: *bresaola* (hauchdünn geschnittenes Trockenfleisch) und geräucherter Schwertfisch auf Frischkäse. Das überzeugt auch diejenigen, die angesichts eines Brötchens als Mittagessen erst einmal die Nase rümpfen.

Corso Garibaldi 125 | Metro: Moskova | Tel. 02/36 52 91 40 | www.paninogiusto.it | tgl. 12–21 Uhr | €–€€

⑤ *Für Fleischfreunde*
STRAVAGARIO BISTROT D2
Französisches Flair und kreative italienische Küche mit Akzent auf Fleischgerichten. Alles wird frisch zubereitet. Empfehlenswert sind die *pi-*

Sortiment und Aufmachung sind außergewöhnlich, nur der Name klingt etwas schlicht: das 10 Corso Como ist Mailands schrillster Designladen.

atti unici, eine Auswahl an Fleisch- und Fischgerichten die mit Risotto oder Polenta serviert werden und deswegen kein Pastagericht vorher vorsehen.

Via Garigliano 3 | Metro: Isola oder Zara | Tel. 02/66 80 16 22 | www.stravagariobistrot.it | Mo–Fr 12–15.30 und 19.30–23.15, Sa 19.30–23.15 Uhr | €€–€€€

⑥ *Für Weinliebhaber*
CINGHIALE ROSSO D3
Gemütliche Enoteca mit viel Holz im Hinterhof. Wer den Eingang gefunden hat, wird mit einer riesigen Weinauswahl belohnt, natürlich vor allem aus italienischen Anbaugebieten. Zum Wein gibt es sehr guten Aufschnitt und Käseplatten. In unregelmäßigen Abständen finden Degustationen in Anwesenheit der Produzenten statt – mit einem reichen Menü für ca. 50 €. Ein gemeinsames Gesprächsthema (Wein!) ist unter den Gästen also schnell gefunden. Bis spät wird hier über Trauben, Böden und Lagen gefachsimpelt.

Viale Monte Grappa 6/a | Metro: Garibaldi | Tel. 02/87 38 63 36 | www.cinghialerosso.org | Mo–Fr 12.30–14.30 und 18.30–0.30, Sa 18.30–0.30 Uhr | €€

⑦ Der Pionier
NORD EST CAFÈ D2

Als erstes Szenecafé, das in einer alten Werkstatt in Isola eröffnete, ebnete das Nord Est vielen anderen den Weg. Hier fühlt man sich sofort wohl. Zum Konzept gehören die durchgehenden Öffnungszeiten. Morgens lockt eine große Auswahl an ofenfrischen Croissants, mittags kann man eine Kleinigkeit essen und abends gute Cocktails genießen. Immer wieder Liveauftritte von Jazz- und Soulmusikern.

Via Borsieri 35 | Metro: Garibaldi | Tel. 02/69 00 19 10 | https://it-it. facebook.com/Nordestcaffe | Mo 8–21, Di–Sa 8–1, So 8.30– 1.30 Uhr | €€

Einkaufen

⑧ Mode, Accessoires, Design
10 CORSO COMO D3

Dieser Concept Store eröffnete, bevor die Mailänder überhaupt das Wort kannten. Dank der emsigen Carla Sozzani, die in der Modewelt gut vernetzt ist, gibt es hier Einzelstücke, Schuhe, Taschen, Accessoires junger Designer, aber auch Design-

objekte aller Art. Angegliedert sind eine Kunstgalerie, ein Outlet, ein Café und ein nobles Bed and Breakfast, das aber von Stammkunden aus der Modebranche so gut wie ganzjährig ausgebucht ist.

Corso Como 10 | Metro: Garibaldi | Tel. 02/29 00 26 74 | www. 10corsocomo.com | Mo, Di, Fr–So 10.30–19.30, Mi, Do 10.30–21 Uhr

⑨ Schmuck
NATSUKO TOYO- FUKU D3

Das Schmuckatelier einer Japanerin, die als Kind nach Mailand kam, aber einen starken Bezug zur japanischen Kultur bewahrt hat, der auch in ihre kreative Arbeit einfließt. Dies sieht man vor allem an ihren minimalistischen Ringen, Armbändern und Ketten.

Corso Como 9 (Klingel 6c) | Metro: Garibaldi | Tel. 02/36 57 59 05 | www.natsukotoyofuku. com | Di–Sa 10.30–19.30 Uhr

⑩ Kosmetik und Mode
FRIDA D2

Ein großes Geschäft und stadtbekannt. Wer Frida nicht kennt, kennt Isola nicht. Es ist Symbol für den Strukturwandel des Viertels und vereint auf einem ehemaligen Industriegelände Bar, Restaurant und Shop, wo Biokosmetik und Mode aus nachhaltiger Produktion sowie kleinere Kunstobjekte zum Verkauf stehen.

Via Pollaiuolo 3 | Metro: Isola | Tel. 02/68 02 60 | www.fridaisola. it | Mo 12–15, 17–1, Di–Fr 12–15 und 18–2, Sa 11.30–2, So 17–1 Uhr | €

⑪ *Geschenke und Design*
HIGH TECH CARGO D3
Designobjekte für Büro und Küche sowie Geschenkartikel aller Art und in jeder Preislage findet man in dieser ehemaligen Fabrik, die einst die Druckfarbe für den »Corriere della Sera« herstellte, Mailands große Tageszeitung.

Piazza XXV Aprile 12 | Metro: Garibaldi | Tel. 02/6 24 11 01 | www.cargomilano.it | Mo 13.30–19.30, Di–So 10.30–19.30 Uhr

⑫ *Duft und Seifen*
MY FRAGRANCES C4
Raumdüfte, Cremes und Seifen natürlichen Ursprungs, Duftkerzen und Essenzen aus Blüten und Früchten aus dem französischen Grasse oder von der ligurischen Küste.

Minimalistisch das Design der Flaschen und Verpackungen made in Italy. Und das in einer schicken Boutique, in der man sich gerne länger aufhält. Das Preis-Leistungs-Verhältnis ist besser als bei so mancher international bekannten Produktmarke und die Beratung auch bei der Frage, welcher Duft im Arbeitszimmer den Geist anregt und gleichzeitig die Nerven beruhigt, kompetent.

Corso Garibaldi 36 | Metro: Moscova | Tel. 02/33 29 26 27 | www.myfragrances.it | tgl. 10–20 Uhr

⑬ *So is(s)t Italien*
EATALY D3
Seit März 2014 ist ein ehemaliges Theater zu einem Delikatessen-Kaufhaus umfunktioniert, das alles bietet, was Italiens Küche ausmacht. Auf zwei Etagen gibt es jede Art von Käse-, Schinken- und Salamisorten, in Öl oder Essig eingemachte Kirschtomaten, Auberginen, Artischocken, und natürlich Italiens beste Olivenöle. Im Obergeschoss sind die Weine. Natürlich kann man so manche Köstlichkeit auch gleich vor Ort genießen.

Das Eataly an der Porta Garibaldi ist ein Supermarkt im engeren Sinn. Hier findet man das Angebot aller Märkte des Landes unter einem Dach.

Piazza XXV Aprile 10 | Metro: Garibaldi | Tel. 02/49 49 73 01 | www.eataly.net/it_it/negozi/milano-smeraldo | tgl. 10–24 Uhr

Abendgestaltung

⑭ Theater
TEATRO VERDI D3

Freies Theater mit eigenen modernen Inszenierungen und einer grandiosen Puppenspielertruppe, die in ganz Italien bekannt ist.

Via Pastrengo 16 | Metro: Isola oder Garibaldi | Tel. 02/27 00 24 76 | www.teatrodelburatto.it

⑮ Jazz
BLUE NOTE D2

Ein Ableger des berühmten New Yorker Jazzclubs. Jeweils um 21 Uhr und 23 Uhr (23.30 Uhr an Wochenenden) beginnen die Konzerte, und zusammen mit der Eintrittskarte lässt sich auch gleich ein Tisch fürs Abendessen buchen. Sonntags um 13 Uhr gibt es einen bei den Mailändern sehr beliebten Brunch mit Musik.

Via Pietro Borsieri 37 | Metro: Garibaldi | Tel. 02/69 01 68 88 | Di–So 19.30–24 Uhr | www.bluenotemilano.com

BAHNHOF – PORTA VENEZIA

Jugendstil-Palazzi, asiatische Lebensmittelgeschäfte und nette Restaurants, vergangene Pracht und modernes Leben. Hier gibt es viel zu sehen und zu schmecken. Die Via Lecco und die Piazza Lavater sind bei Nachtschwärmern sehr beliebt.

Wie in jeder Großstadt ist die Gegend unmittelbar am Hauptbahnhof mit Vorsicht zu genießen. Geben Sie auf Ihre Handtasche und Ihr Gepäck acht und lassen Sie sich hier nicht in lange Gespräche verwickeln. Sobald Sie den Bahnhofsvorplatz Richtung Stadtzentrum verlassen, wird es angenehmer. Zwischen der **Stazione Centrale** und der **Porta Venezia** gibt es viel zu entdecken. Das Stadttor selbst ist majestätisch. Heute steht es etwas verloren auf einer Verkehrsinsel, aber früher markierte es den östlichen Eingang zur Stadt. Wer aus Bergamo, Monza und der Brianza nach Mailand kam, musste dieses Tor passieren und Zoll bezahlen. Die zwei Zollhäuser sind noch gut erhalten.

Heute markiert die Porta Venezia die Grenze zwischen dem eleganten **Corso Venezia** Richtung Zentrum mit seinen neoklassizistischen Fassaden und dem bunten, lebendigen **Corso Buenos Aires**. Diese längste Einkaufsstraße Mailands durchzieht das Viertel Porta Venezia als pulsierende Verkehrsader. Und ungeachtet der Autoabgase und des Lärms sitzen die Mailänder nach einem Einkaufsbummel immer noch gerne in den Cafés an der Straße.

Westlich des Corso Buenos Aires ist das Viertel eher volkstümlich und multiethnisch. Zwischen Via Lecco, Via Tadino und Via Castaldi lebt ein **Nationenmix**, der sich auch an den

Das Viertel Porta Venezia entstand zu Beginn des 20. Jh., was man seinen vielen großartigen Jugendstilhäusern bis heute ansieht.

Restaurants und Geschäften ablesen lässt. Indische, chinesische und afrikanische Restaurants neben Kebabläden und alteingesessenen italienischen Trattorien, thailändische Massagestudios neben dem echten italienischen Barbiere. Statt soziale Spannungen haben sich aus dem Aufeinandertreffen verschiedener Kulturen kreative Ideen entwickelt – was immer noch mehr Neu-Mailänder anlockt. Östlich des Corso Buenos Aires ist das Viertel bürgerlicher, stiller und vornehmer.

> Dieser Teil Mailands beweist, dass Volkstümlichkeit und Multiethnizität keine Widersprüche sein müssen.

Sehenswertes

❶ STAZIONE CENTRALE E3

1931 eingeweiht, entsprach dieser Kopfbahnhof Mussolinis Größenwahn. Der Entwurf stammt von dem Architekten **Ulisse Stracchin**i, der u. a. die Caracalla-Thermen, antike Badeanlagen in Rom, zum Vorbild nahm. Monumental und römisch sollte das Bauwerk werden, um die Stärke des faschistischen Regimes angemessen darzustellen. Die Fassade ist 200 m breit und 72 m hoch und reich dekoriert, so wie auch die riesige

Bahnhofshalle. Mosaiken und Marmordekors, wohin man blickt. An Gleis 21 erinnert ein **Mahnmal** mit Videos von Zeitzeugen an die Deportation Mailänder Juden in die deutschen Vernichtungslager (www.memorialeshoah.it).

Im Rahmen einer Grundsanierung siedelten sich im Erdgeschoss des Bahnhofs Cafés und Geschäfte an, die ihn auch zu einer riesigen **Shoppingmall** machen. Wer hier einen Zug nehmen will, sollte genug Zeit einplanen, um ihn rechtzeitig zu erreichen. Ein nicht sehr praktisches System verschiedener Rolltreppen hat schon so manchen ins Schwitzen gebracht.

Piazzale Duca D'Aosta | Metro: Centrale

② PIRELLI-HOCHHAUS E3

Über ein halbes Jahrhundert blieb das Pirelli-Hochhaus, von den Mailändern liebevoll »Pirellone« genannt, der höchste Wolkenkratzer der Stadt. Nicht weit vom Hauptbahnhof gelegen, wurde es von Architekt **Giò Ponti** und Ingenieur **Pier Luigi Nervi** entworfen und 1960 fertiggestellt. Mit seinen 127 m brach es das ungeschriebene Gesetz, dass kein Gebäude höher sein durfte als die goldene Marienfigur auf der Domspit-

SEHENSWERTES
① Stazione Centrale
② Pirelli-Hochhaus
③ Museo Boschi di Stefano
④ Lazarett
⑤ Via Stoppani 👁
⑥ Casa Galimberti
⑦ Giardini Indro Montanelli
⑧ Museo Civico di Storia Naturale
⑨ Padiglione d'Arte Contemporanea
⑩ Parco della Villa Comunale

⑪ Galleria d'Arte Moderna
⑫ Villa Necchi Campiglio
⑬ Fondazione Vico Magistretti
⑭ Der vergessene Pinocchio 👁

ESSEN UND TRINKEN
① Adulis Restaurant
② Ai Giardini Paprika & Cannella
③ Joia
④ Pavè
⑤ La bottega del Gelato
⑥ Al'Less

EINKAUFEN
⑦ Antica Farmacia Milano
⑧ Home Textile Emporium
⑨ Stephan Janson

ABENDGESTALTUNG
⑩ Spazio Oberdan
⑪ Teatro dell'Elfo-Puccini
⑫ Mono
⑬ Bar Basso

ze. Die Firma Pirelli residiert inzwischen anderswo, aber der Name blieb. Seit 1978 ist der »Pirellone« Sitz des lombardischen Regionalparlaments.

Piazza Duca D'Aosta | Metro: Centrale; Tram 9: Filzi/Pirelli

③ MUSEO BOSCHI DI STEFANO F4

Eine der schönsten Gemäldesammlungen des 19. Jh. ist in einer privaten Wohnung zu sehen. Das Ehepaar **Antonio Boschi** (1896–1988) und **Marieda Di Stefano** (1901–1968) entschied sich nämlich testamentarisch, Heim und Kunstgegenstände der Gemeinde zu vererben – unter der Bedingung, diese müsse daraus ein Museum machen. So sieht man hier nicht nur Bilder vieler futuristischer Maler, sondern auch anhand von Möbeln, Tapeten, Teppichen, Lampen und Statussymbolen den Geschmack des Mailänder Bürgertums im 20. Jh.

Via Giorgio Jan 15 | Metro: Lima | Tel. 02/88 46 37 36 | www.fondazione boschidistefano.it | Di–So 10–18 Uhr | Eintritt frei

④ LAZARETT E4

Mailand hat in seiner Geschichte schlimme Pestepidemien erlebt, die die Einwohnerzahl erheblich dezimierten. 1488 gaben die Sforza den Bitten von Ärzten nach und ließen vor den Toren der Stadt ein fast 400 m² großes Areal mit Mauern und einem Festungsgraben umschließen. Es gab nur einen Eingang, der von Soldaten bewacht wurde. Das Modell wurde später von anderen Städten kopiert, weil es die vollkommene Isolierung der Pestkranken vorsah.

Nach der Einheit Italiens wurde das Lazarett Opfer der Bauspekulation, die Mailand ergriff. An seiner Stelle wurde ein neues Viertel hochgezogen. Nur an der Ecke Via Gregorio/ Corso Buenos Aires sind noch 20 m der ursprünglichen Befestigungsmauer und fünf Räume des alten Lazaretts erhalten geblieben. Hier leben heute Mönche der russisch-orthodoxen Kirche, die sonntagvormittags einen Gottesdienst auf Latein anbieten. Wer freundlich klingelt, darf die Reste des Lazaretts auch an Werktagen besichtigen.

Via Gregorio | Metro: Porta Venezia

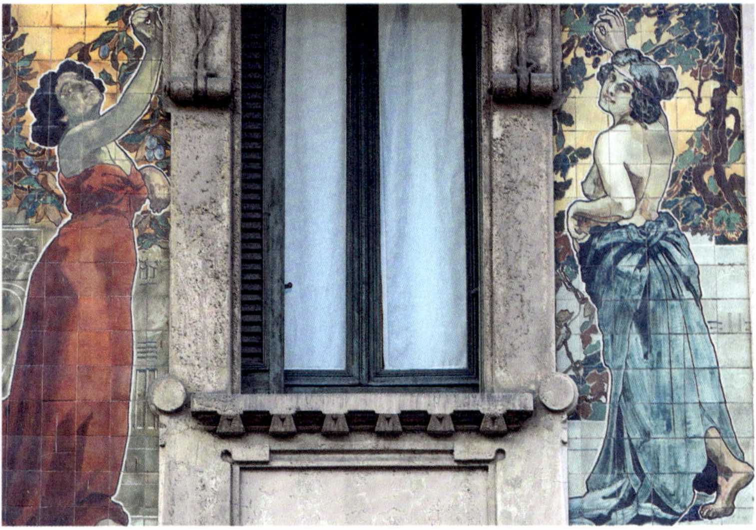

Die Casa Galimberti aus dem Jahr 1905 präsentiert sich mit üppigen weiblichen Figuren, aber auch Faune und florale Motive sind zu finden.

IM VORBEIGEHEN ENTDECKT

5 VIA STOPPANI F4

Die Stuckfassaden der Häuser aus dem 19. Jh., die diese Straße säumen, warten mit vielen kleinen Details auf, wie Figürchen und Mauervorsprüngen in der Form eines Löwenmauls. Aber fast überall bröckelt es an den alten Fassaden. Dazwischen mischen sich Neubauten aus den 1970er-Jahren, wo die Wäsche vom Balkon flattert. Wie früher üblich, liegen im Parterre noch einige Werkstätten und Krämerläden, die die Zeiten überdauert haben. Und natürlich alle paar Schritte eine Espressobar.

Via Stoppani | Bus 60, 62, 90: Stoppani

6 CASA GALIMBERTI F4

Die Mailänder nennen dieses schönste Jugendstilhaus der Stadt »La Cà de Donn« (Haus der Frauen), weil die bemalten Kacheln der Fassade vor allem Frauengestalten zieren. Daneben gibt es viele floreale Motive und natürlich verschnörkelte, schmiedeeiserne Balkone.

Via Marcello Malpighi 3 | Metro: Porta Venezia

In den 23 Ausstellungsräumen des Naturkundemuseums gibt es viel zu entdecken, mit Exponaten aus grauer Vorzeit bis zur Gegenwart.

❼ GIARDINI INDRO MONTANELLI (GIARDINI PUBBLICI) E4

Nimmt man den Eingang Ecke Via Manin/Via Palestro, sieht man sofort die Bronzestatue von **Indro Montanelli**, einem der größten italienischen Journalisten der Nachkriegszeit. Ihm widmete die Stadt nach seinem Tod 2001 diese Parkanlage. Einst war hier auch der Mailänder Zoo, nur noch das Nilpferdbecken ist zu sehen. Statt wilder Tiere bevölkern den Park heute Hunde aller Größen und Rassen, denn ein Teil der Grünfläche ist als »Hundewiese« den Vierbeinern vorbehalten. Zum Vergnügen der jüngeren Besucher gibt es eine Schienenbahn, Autoscooter und ein Karussell. Die Eltern trinken derweil einen Espresso in der Bar im Bauhausstil mitten im Park.

Via Palestro/Corso Venezia | Metro: Palestro oder Turati | tgl. ab 6.30 Uhr

❽ MUSEO CIVICO DI STORIA NATURALE E4

Das naturgeschichtliche Museum wurde dank Giuseppe De Cristoforis gegründet, der jung verstarb und seine Sammlung der Stadt vererbte. Die Hauptattraktionen sind sieben vollständige Dinosaurierskelette und das 25 cm lange Fossil eines »Baby-Dinosauriers«, das ein Hobby-Paläontologe 1981 entdeckte.

Corso Venezia 55 | Metro: Palestro | Tel. 02/88 46 33 37 | www.comune. milano.it/museostorianaturale | Di–So 9–17.30 Uhr | Eintritt 5 €, erm. 3 €

❾ PADIGLIONE D'ARTE CONTEMPORANEA (PAC) E4

Hier trifft sich die Kunstavantgarde Mailands, um sich Ausstellungen einzelner Künstler (vorwiegend internationaler) und Ausstellungen mit gesellschaftlichem Fokus anzuschauen. 1993 wurde das Gebäude durch ein Bombenattentat der Mafia vollkommen zerstört. Auch ein Teil der Ausstellungsobjekte ging dabei unwiderbringlich verloren. Drei Jahre später hat es derselbe Architekt, **Iganzio Gardella**, anhand seiner einstigen Zeichnungen wieder aufgebaut.

Via Palestro 14 | Metro: Palestro oder Turati | www.pacmilano.it | Di–So 9.30–19.30, Di und Do bis 22.30 Uhr | Eintritt 8 €, erm. 6,50 €

❿ PARCO DELLA VILLA COMUNALE E4

Erwachsene dürfen hier nur in Begleitung von Kindern bis 13 Jahren hinein. Entworfen und gestaltet wurde der hübsche Park mit japanischem Garten Ende des 18. Jh. von **Graf Ercole Silva**, einem angesehenen Botaniker und Mitglied eines exklusiven Intellektuellenkreises, dem auch der Schriftsteller Alessandro Manzoni und der Maler Francesco Hayez angehörten.

Via Palestro 16 | Metro: Palestro | Mai–Okt. 9–19, Nov.–April 9–16 Uhr

⓫ GALLERIA D'ARTE MODERNA E4

Neben Wechselausstellungen zu einzelnen Künstlern oder Kunstrichtungen beherbergt das Museum Werke der Italiener Canova, Appiani, Hayez, Modigliani, Morandi, Sironi sowie einzelne Exponate von Cézanne, Van Gogh, Gauguin, Picasso und anderen internationalen Größen.

Das Gebäude, in dem sie untergebracht sind, die **Villa Belgiojoso**, wurde zwischen 1790 und 1796 von Leopoldo Pollack entworfen. Auftraggeber und Hausherr war der Conte Ludovico Barbiano di Belgiojoso, der nach einer erfolgreichen Karriere als Diplomat im Dienste Österreichs nach Mailand zurückkehrte. Nach ihm residierten hier französische und österreichische Statthalter, auch Napoleon III. Nach der Ausrufung des Vereinigten Königreichs von Italien ging die Villa in den Besitz der Krone über, doch erst 1920, als sie der Stadt Mailand

Innen regiert die Moderne, von außen gibt sich die Galleria d'Arte Moderna (s. S. 123) klassizistisch, in einer perfekt restaurierten Villa von 1796.

übertragen wurde, begann ihre Restaurierung. Heute zeigt sie sich in all ihrer Pracht. Für nicht sehende Menschen gibt es einen eigens entwickelten Rundgang durch das Museum: Einige Werke können berührt und mit den Händen erforscht werden, andere werden in Blindenschrift erklärt.

Via Palestro 16 | Metro: Palestro oder Turati | www.gam-milano.com | Museum Di–So 9–17.30, Wechselausstellungen bis 19.30 Uhr | Eintritt 10 €, erm. 8 €

⑫ VILLA NECCHI CAMPIGLIO E5

Rationalismus mit einem Hauch Jugendstil. Diese Villa aus den 1930er-Jahren ist das Meisterwerk des Architekten Piero Portaluppi. Er hat Mailand architektonisch geprägt und diese Villa für eine lombardische Industriellenfamilie gebaut, die mit Nähmaschinen und Haushaltswaren reich geworden war. Die Räume sind hell und weitläufig, Ausstattung und Mobiliar bilden den typischen Geschmack der Zeit ab. Man braucht nur die Augen zu schließen, um die Hausangestellten mit dem Teeservice klappern zu hören.

Neben Zeit für den Rundgang durch die verschiedenen Gemächer sollte man vor allem Zeit für eine Pause im wunderschönen Garten der Villa einplanen. Morgens ein gut aufgeschäumter Cappuccino in feinem Porzellan, und man fühlt sich wie der Hausherr oder die Dame des Hauses.

Via Mozart 14 | Metro: Palestro | Tel. 02/76 34 01 21 | www.fondo ambiente.it/luoghi/villa-necchi-campiglio | Mi–So 10–18, letzter Einlass 17.15 Uhr | Eintritt 14 €, erm. 7/4 €

⓭ FONDAZIONE VICO MAGISTRETTI E5

Vico Magistretti war einer der namhaften Industrial Designer der 1970er- und 1980er-Jahre. Seine Vorliebe galt dem Concept Design und dem Bauhaus. Er hielt sich an die Grundprinzipien, nahm ihnen allerdings etwas von ihrer Strenge. Und so entstanden Kultobjekte. Einige seiner Objekte sind heute auch im MoMa in New York ausgestellt. Als Magistretti 2006 starb, wandelte seine Tochter, das Studio, in dem der Vater seit 1946 gearbeitet hatte, in eine Museumsstiftung um. Dem Besucher wird somit auch ein Einblick in das alltägliche Schaffen von Magistretti gewährt. Ein großformatiger Touchscreen erzählt von Leben und Werk dieses Designers.

Via Conservatorio 20, Eingang Via V. Bellini 1 | Metro: San Babila | Tel. 02/76 00 29 64 | www.vicomagistretti.it | Di 10–18, Do 14–20, letzter Sa im Monat 11–15 Uhr | Eintritt 5 €

IM VORBEIGEHEN ENTDECKT

⓮ DER VERGESSENE PINOCCHIO F5

London hat Peter Pan in den Kensington Gardens, New York Alice im Central Park, und Mailand hat Pinocchio. 1956 wurde inmitten eines kleinen Stadtparks ein Brunnen eingeweiht, in dessen Mitte die Bronzestatue des berühmten Kinderbuchhelden steht. Attilio Fagioli stellte Pinocchio als lachenden Jungen dar, der auf seine am Boden liegende Marionette zeigt. Dann musste die Grünfläche Neubauten und Parkplätzen weichen, und der Brunnen wurde abgestellt. Die Statue geriet in Vergessenheit. Inzwischen kehrt das Grün zurück, aber Pinocchio ist immer noch in einem vernachlässigten Zustand. Sogar seine Nase wurde ihm gestohlen.

Corso Indipendenza | Bus 54: Piazza Risorgimento

Essen und Trinken

① *Exotisch*
ADULIS RESTAURANT F4

Unter den zahlreichen afrikanischen Restaurants bei der Porta Venezia sticht dieses mit seiner feinen äthiopisch-eritreischen Küche in stimmungsvollem Ambiente hervor. Man kann an Tischen mit normaler Höhe Platz nehmen oder an den traditionell niedrigen, mit Kissen auf dem Boden.

Via Melzo 24 | Metro: Porta Venezia | Tel. 02/29 51 58 16 | www.adulis-restaurant.com | Mo geschl. | €€

② *Italienisch kreativ*
AI GIARDINI PAPRIKA & CANNELLA E4

Gehobenes Restaurant mit nicht ganz alltäglicher italienischer Küche. Davide Paderi und Giovanna Taddei haben ihr Handwerk bei Spitzenköchen gelernt und 2008 ihr eigenes Restaurant eröffnet. Goldene Kerzenleuchter, weiße Tischdecken – die Einrichtung ist akkurat, nichts bleibt dem Zufall überlassen. Echte Hingucker sind die Schwarz-Weiß-Fotografien.

Das Thunfischfilet in Sesamkruste ist ein sehr beliebter Hauptgang und vorzüglich.

Via Lodovico Settala 2 | Metro: Porta Venezia | Tel. 02/2 04 96 50 | www.ristoranteaigiardinimilano. com | Mo–Fr 12.30–15 und 19.30–24, Sa 19.30–24 Uhr | €€€

③ *Vegetarische Spitzenklasse*
JOIA E4

Dass Pflanzenkost sinnlich und von höchstem Niveau sein kann, beweist Pietro Leemann in seinem vegetarischen Sternerestaurant Joia. Er kommt aus der Tradition der Nouvelle Cuisine, lernte bei Frédy Girardet und Gualtiero Marchesi und lebte dann in Asien, wo er mit Zen und Meditation in Berührung kam. Leemann versteht das Essen als »Hymne an das Leben«. Seine Menüs sind Sinfonien, die auch verwöhnte Gaumen begeistern. Zeit mitbringen, es lohnt sich. 16 Köche sind hier am Werk. Seit 2009 gibt es auch das Bistro Joia Kitchen für den etwas schnelleren Lunch.

Via Panfilo Castaldi 18 | Metro: Porta Venezia | Tel. 02/29 52 21 24 | www.joia.it | Mo–Sa 12–14.30 und 19.30–23 Uhr | €€€€

Die stadtbekannten Fruchteis-Spezialitäten der Bottega del Gelato präsentieren sich in vielen verschiedenen Farben.

④ *International*
PAVÉ E3

Eine Prise New York, ein Klacks Berlin und ein Hauch Vanille machen dieses Café zu einem Unikum in Mailand. Drei Freunde, die auf ihren Reisen um die Welt Ideen für ein eigenes Lokal gesammelt haben, führen dieses Café, in dem Backwaren die Hauptrolle spielen. Brot, Croissants, Torten und Cupcakes werden in der gläsernen Backstube vor den Augen der Gäste hergestellt. Trendiges Publikum.

Via Felice Casati 27 | Metro: Porta Venezia | Tel. 02/94 39 22 59 | www.pavemilano.com | tgl. 8–19 Uhr | €–€€

⑤ *Tutti frutti*
LA BOTTEGA DEL GELATO F3

Nicht hip, nicht schick … nicht einmal hinsetzen kann man sich hier. Doch so altmodisch diese Eisdiele auch daherkommen mag, sie bietet die fruchtigsten Sorbets der Stadt. Pfirsich-, Pflaumen-, Himbeereis – einfach unschlagbar.

Via Pergolesi 3 | Metro: Lima oder Loreto | Tel. 02/29 40 00 76 | www. labottegadelgelato.it | Sommer 9–24, Winter 9–22 Uhr, Mi geschl.

⑥ Traditionell und gemütlich
AL'LESS östl. F3

Der Name ist Programm: *Less* heißt gesotten, und in diesem Lokal dreht sich wirklich alles um gesottenes Fleisch. Stücke vom Rind und vom Huhn werden mit Zwiebeln, Möhren, Lorbeer und Knoblauch langsam weich gekocht. Dazu bekommt man allerlei Saucen zum Dippen. Natürlich gibt es auch andere Klassiker der traditionellen Mailänder Küche, aber die Stammkunden kommen wegen des *less*. Uriges Lokal mit viel Holz und lockerer Kneipenatmosphäre.

Viale Lombardia 28 | Metro: Piola | Tel. 02/84 08 91 31 | www.alless.it | Mi und So abends geschl. | €€

Einkaufen

⑦ Kräuterkunde
ANTICA FARMACIA MILANO E4

Salben, Cremes und Tinkturen, Kräuterteemischungen und Hustenbonbons – diese Apotheke bietet eine große Palette an naturheilkundlichen Produkten, die sämtlich vor Ort hergestellt werden. Wer hier reinkommt, fühlt sich ins 19. Jh. zurückversetzt, die Einrichtung mit den typischen Schubladenschränken und der antiken Verkaufstheke ist original. Gegründet wurde die Apotheke anno 1750, und noch heute versorgt sie das Quartier. 1985 erfand Germano Giuliani seinen in ganz Italien bekannten Bitter aus Kräutern seiner Heimat Trentino, der seinen Namen trägt.

Via Panfilo Castaldi 29 | Metro: Porta Venezia | www.facebook. com/antica.milano

⑧ Bunte Stoffe
HOME TEXTILE EMPORIUM E4

Musselin, Seide, Mushroo, Ikat, Bandhani, Khadi, Chintz, Kaliko sind Stoffnamen, deren Klang an Tausendundeine Nacht erinnern. Textilien, Farben und Muster gehören zu Lisa Cortis Leidenschaften. Sie selber sucht sie aus und macht die Entwürfe. Hergestellt werden ihre Produkte dann von indi-

Eine umfangreichere Auswahl an Stoffen als in Lisa Cortis Home Textile Emporium sucht man in Mailand vergebens – und nicht nur dort.

schen Weberinnen. So entstehen die farbenfrohesten Heimtextilien, Polsterüberzüge, Vorhänge, die man sich überhaupt nur wünschen kann, und nebenbei auch Kinder- und Babymode.

Via Lecco 2 | Metro: Porta Venezia | Tel. 02/20 24 14 83 | www.lisacorti.com | So und Mo vormittags geschl.

⑨ *Passende Schnitte*
STEPHAN JANSON F5

Ein versteckter Shop für Modebewusste, die Pfiff im Detail suchen. Um auch wirklich ein ganz persönliches Outfit zu bekommen, lohnt es sich,

vorher anzurufen. Dann nimmt sich der französische Designer und Wahlmailänder Zeit, um aus seinen Kreationen genau das Passende hervorzuzaubern.

Via Carlo Goldoni 21 | Bus 61: Castel Morrone Modena | Mo–Fr 10–18.30 Uhr | Tel. 02/7 52 61 71 | www.stephanjanson.com

Abendgestaltung

⑩ *Ausgewähltes Kinoprogramm*
SPAZIO OBERDAN E4

Ein Kulturzentrum nahe der Porta Venezia, das sich mit großer Hingabe in erster Linie der Filmkunst widmet. In drei Kinosälen werden Klassiker aus der Schwarz-Weiß-Zeit des Films, thematische Zyklen, internationales und experimentelles Kino gezeigt. Die ausgewählten Filmreihen und Festivals, zu denen bekannte Regisseure und Schauspieler aus der ganzen Welt anreisen, locken die Mailänder Cineasten in Scharen an. Das Gebäude wurde von der 2012 verstorbenen Architektin Gae Aulenti und Carlo Lamperti modern gestaltet und doch perfekt in den historischen Kontext eingebettet.

Träger des Spazio Oberdan ist die Italienische Filmstiftung, die auch das interaktive Filmmuseum MIC im Stadtteil Bicocca (Via Fulvio Testi 121) unterhält. Dort wird die Entwicklung des Kinos von den Anfängen bis heute mit vielen Ausstellungsstücken und Filmausschnitten gezeigt. Die Filmstiftung engagiert sich auch im Bereich der Restaurierung und Archivierung historischen Filmmaterials.

Via Vittorio Veneto 2 | Metro: Porta Venezia | www.cineteca milano.it

⑪ *Alternatives Theater*
TEATRO DELL'ELFO-PUCCINI F4

Zu den Gründern dieses 1972 eröffneten Theaters gehört der Filmregisseur Gabriele Salvatores, der 20 Jahre später mit dem Film »Mediterraneo« den Oscar gewann. Auf drei Bühnen wird hier gespielt (für insgesamt 1600 Zuschauer), und das Programm bietet vor allem alternatives Theater.

Corso Buenos Aires 33 | Metro: Lima | Tel. 02/00 66 06 06 | www.elfo.org | €€

⑫ *Neue Musik*
MONO E4

Nahe der Porta Venezia stehen hier bis spät in die Nacht die Gäste vor der Tür – oder sitzen gleich mit einem Bier aus der Flasche auf dem Bordstein. Denn die im 60er-Jahre-Vintage-Look gestylte Bar ist klein, aber der Andrang groß. Das liegt an der sympathischen Barmannschaft und der entspannten Atmosphäre, vor allem nach Mitternacht, wenn die Lokale in der Umgebung bereits geschlossen sind. Dann wird im Mono bei elektronischer Musik weitergefeiert.

In der Bar Basso konnte im Gründungsjahr 1947 erstmals auch normales Volk einen Aperitivo genießen. Daran hat sich nichts geändert.

Via Lecco 6 | Metro: Porta Venezia | Tel. 02/29 40 93 30 | Di–So 18.30–2 Uhr

⑬ Historische Bar
BAR BASSO F4

Die Grande Dame unter Mailands Bars: zeitlos elegant. Und die erste Bar außerhalb der Luxushotels, die internationale Cocktails wie »Manhattan«, Bloody Mary« oder »Margarita« servierte. Das war 1947. 1972 wurde hier der typische Mailänder Cocktail »Negroni Sbagliato« (falscher Negroni) erfunden.

Mirko Stocchetto goss versehentlich Spumante statt Gin in den Cocktail und nannte das neue Getränk nach seinem Fehler. Und trotz Mojito und Daiquiri ist der falsche Negroni immer noch der meistgetrunkene Cocktail in der Stadt. Hier gibt es ihn, wie es sich gehört, im großen Glas, mit Eiswürfeln und den richtigen Beilagen – was will man mehr.

Via Plinio 39 | Metro: Lima, Bus 92: Abruzzi/Plinio | Tel. 02/ 29 40 05 80 | www.barbasso.com | Mi–Mo 9–1.15 Uhr | €€

PORTA ROMANA

Das südliche Viertel rund um die Porta Romana wird von Besuchern oft links liegen gelassen. So ist es in seiner Mischung aus bürgerlich und aufsässig sehr authentisch geblieben. Mailands Intellektuelle lieben seine geschichtsträchtigen Bars und vielen typischen Trattorien.

Hier ist Mailand aristokratisch und anarchisch, konservativ und alternativ, alt und modern. Das Viertel in Mailands Süden ist geprägt von Kontrasten. Eine Kaderschmiede für Banker und Manager hat hier ebenso ihren Sitz wie wenige Straßen weiter ein linkes Kulturzentrum, in dem man gegen den Kapitalismus agitiert. Wahrzeichen und Namensgeberin ist die monumentale Porta Romana, eines der erhalten gebliebenen Stadttore der spanischen Befestigungsmauern. Schon im Mittelalter gab es eine Porta, das heutige Tor wurde 1596 für den festlichen Einzug von Margarete von Österreich, der Braut Philipps III. von Spanien, gebaut.

Heute hat sich hier ein Biotop aus Concept Stores und kleinen Läden entwickelt, das eine Entdeckungsreise lohnt. Und auch abends ist hier einiges los. Es locken **originelle Bars** und **gute Restaurants**, die vor allem von Einheimischen besucht werden. Und das Viertel ist eine begehrte Wohngegend, viele der Palazzi aus dem 19. und 18. Jh. wurden renoviert und verbinden Komfort mit dem Flair alter Zeiten. Hier wohnen Universitätsprofessoren und Schauspielerinnen, alter Adel und viel Intelligenzia. Auch Literaturnobelpreisträger **Dario Fo** lebte bis zu seinem Tod 2016 im Viertel Porta Romana.

Durch die Porta Romana zogen 1796 Napoleons Truppen in die Stadt. 1805 ließ sich der Franzose im Mailänder Dom zum König von Italien krönen.

SEHENSWERTES

1 Palazzina Liberty
2 Rotonda della Besana
3 MUBA Museo per bambini
4 Giardino della Guastalla
5 Colonne di San Lorenzo
6 Kaiserstatue
7 Parco delle Basiliche
8 Basilica Sant' Eustorgio
9 Università Luigi Bocconi
10 Fondazione Prada

ESSEN UND TRINKEN

1 Acquabella
2 Cascina Cuccagna
3 Chiostri di San Barnaba
4 Fragolami
5 Lacerba
6 Pasticceria Sissi

EINKAUFEN

7 Mercatino Penelope
8 Alive

ABENDGESTALTUNG

9 Teatro Carcano
10 Gelateria Porta Romana
11 Vertical
12 Teatro Franco Parenti
13 Magazzini Generali
14 Circolo Arci Bellezza

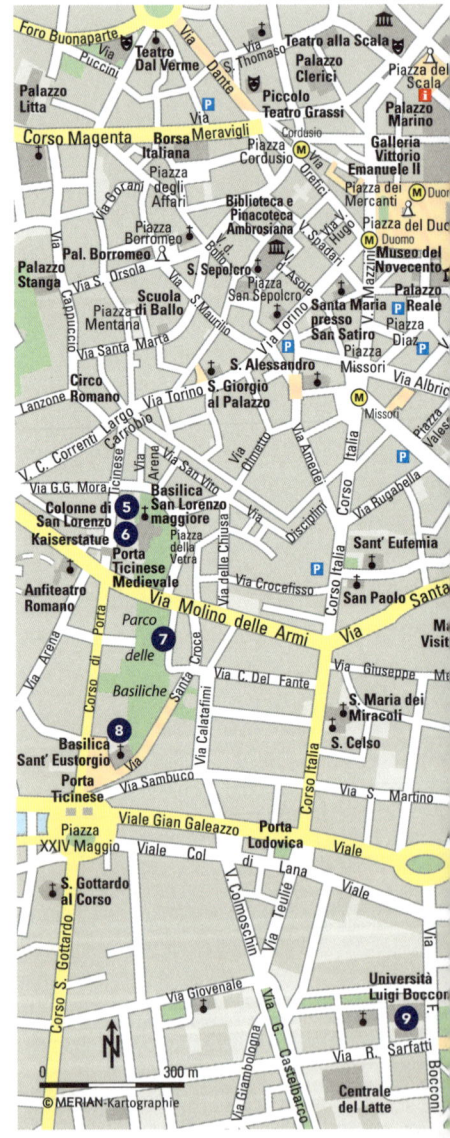

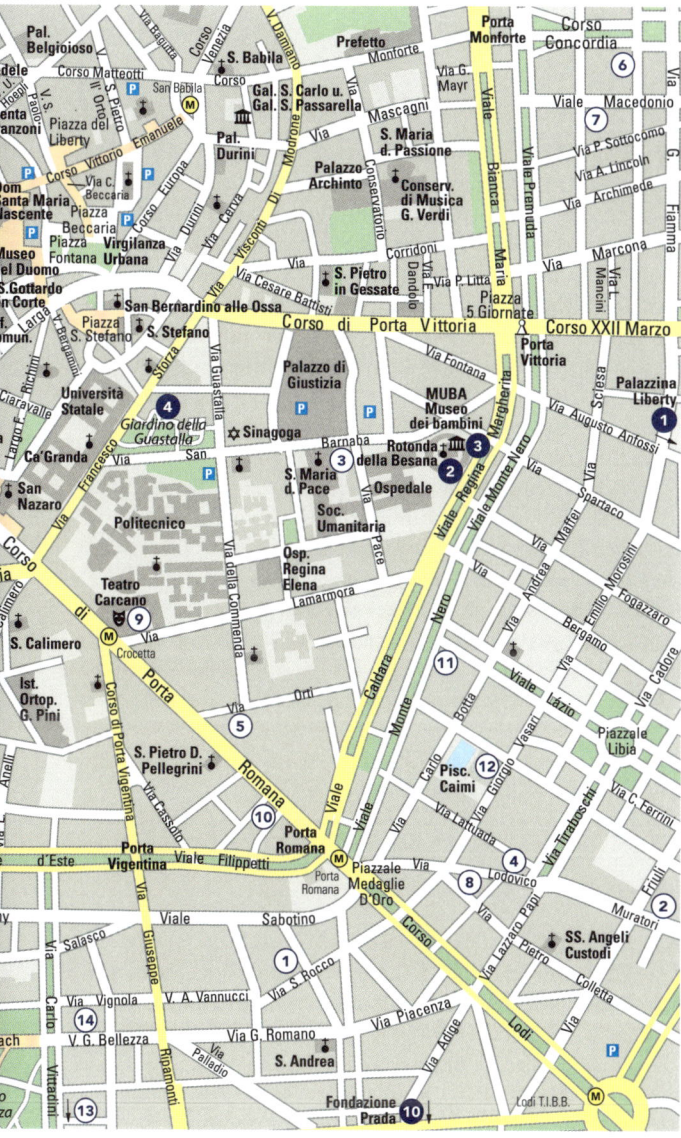

Sehenswertes

1 PALAZZINA LIBERTY F6

Mitten in einem kleinen Park liegt diese entzückende Jugendstilvilla. Anfang des 19. Jh. war sie Teil des großen Obst- und Gemüsemarktes der Stadt, wo die Einzelhändler ihre Waren bezogen. In der kleinen Villa tranken sie mit den Großhändlern einen Kaffee und verhandelten die Preise. Nachdem der Großmarkt in die Viale Lombroso weiter außerhalb verlegt wurde, hatte die Palazzina ihre Funktion verloren und verfiel zusehends. Bis sie in den 1960er-Jahren durch die freie **Theatergruppe La Comune**, zu der auch der spätere Literaturnobelpreisträger Dario Fo und seine Frau Franca Rame gehörten, besetzt und renoviert wurde. Zwei Jahre lang diente sie als Theaterspielstätte, dann wurden die rebellischen Künstler per Amtsverordnung hinausgeworfen und die kleine Villa wieder den Ratten und Dealern übergeben.

Die Zeiten sind glücklicherweise vorbei. Seit 1992 ist die Palazzina Liberty dank behutsamer Restaurierungsmaßnahmen wieder so schön wie früher. 2017 wurde sie nach Dario Fo und Franca Rame benannt, als Zeichen der Dankbarkeit. Auch heute ist die Villa wieder ein Ort der Kultur: Das Orchestra Milano Classica spielt hier regelmäßig am Wochenende, und mehrmals im Jahr finden Musikfestivals statt.

Largo Marinai d'Italia 1 | Bus 60: Via Cadore | Tel. 02/28 51 03 73 | www.milanoclassica.it | von innen nur bei Veranstaltungen zu besichtigen | Eintritt Konzerte 15 €, erm. 10 €

2 ROTONDA DELLA BESANA E6

Das Zentrum des runden Gebäudekomplexes aus dem späten 17. Jh., der von einer spätbarocken Backsteinmauer umschlossen wird, ist die entweihte Kirche **San Michele ai Nuovi**. Ursprünglich als Friedhofskirche für das Ospedale Ca' Grande erbaut, diente sie dem Krankenhaus später als Wäscherei. Heute ist sie Sitz des **Mailänder Kindermuseums**. Deshalb

Die Rotonda della Besana blickt auf eine bewegte Geschichte zurück. Sie diente schon als Friedhof, Stall, Scheune, Isolierstation und Wäscherei.

gibt es auf den Grünflächen drumherum natürlich auch einen Spielplatz. Wunderschön ist der Arkadengang mit Steinbänken zum Hinsetzen.

Via Enrico Bersana 12 | Bus 18: Cinque Giornate | April und Okt. 7–21, Mai–Sept. 7–22, Nov.–März 7–20 Uhr

❸ MUBA MUSEO DEI BAMBINI E6

Hier darf gespielt werden! Selbst die Kleinsten (Eintritt ab 2 Jahren) haben in diesem Museum Spaß. Werke berühmter Künstler, Designer und Fotografen können interaktiv erlebt werden, mit vielen Dingen zum Anfassen und Ausprobieren. Neben der permanenten Ausstellung gibt es auch Wechselausstellungen zu Themen wie beispielsweise »Licht und Farben«. Die Mailänder Familien haben dieses Museum besonders ins Herz geschlossen, weil es sie während der Coronavirus-Pandemie 2020 mit Online-Spielangeboten sehr unterstützt hat.

Via Enrico Besana 12 | Bus 18: Cinque Giornate | www.muba.it | tgl. 10–18 Uhr | Eintritt Mo–Fr Kinder 8 €, Erw. 6 €, Wochenenden und Schulferien Kinder 9 €, Erw. 7 €

Die Colonne di San Lorenzo bestehen aus 16 mit einem Architrav verbundenen korinthischen Säulen. Ihr ursprünglicher Zweck ist unbekannt.

④ GIARDINO DELLA GUASTALLA E6

Diesen verwunschenen Park verdanken die Mailänder der Gräfin von Guastalla. Schon mit 29 Jahren verwitwet, beschloss sie, ihr Hab und Gut zu verkaufen und nach Mailand zu ziehen. Hier gründete sie 1555 das Kloster **Collegio delle Guastalline** und widmete sich der Erziehung von Mädchen aus verarmten Adelsfamilien, die ohne Mitgift entweder im Kloster oder auf der schiefen Bahn gelandet wären. Der Giardino della Guastalla ist eine der ältesten Parkanlagen der Stadt und beliebt bei den Studierenden der staatlichen Universität, die gleich gegenüber liegt, und bei allen, die im nahe gelegenen Justizpalast zu tun haben.

Via della Guastalla | Bus 94: Via Francesco Sforza/Via Andreani | tgl. 7 Uhr bis Sonnenuntergang

⑤ COLONNE DI SAN LORENZO C6

16 korinthische Marmorsäulen aus dem 4. Jh. ragen vor der Basilika **San Lorenzo Maggiore** in den Himmel. Die wuchti-

gen Überreste aus römischer Zeit stellen die Fachwelt nach wie vor vor ein Rätsel. Waren sie Teil eines Tempels oder einer prächtigen Villa? Den Nachtschwärmern, die den Platz zwischen Kirche und Säulen vor allem am Wochenende bevölkern, dürfte das aber ziemlich egal sein.

Die Basilika selbst ist imposant – gehen Sie einmal ganz um sie herum, um einen Eindruck von ihren Dimensionen zu bekommen. Ihr Ursprung reicht zurück ins 4. Jh., damals lag sie an der wichtigsten Einfallsstraße nach Mailand. Um den Zentralkomplex gruppieren sich allerlei Kapellen. Die schönste ist die **Cappella di San Aquilino**, die seit Restaurierungsarbeiten 2020 auch wieder zugänglich ist.

Corso di Porta Ticinese 35 | Straßenbahn 3: Carobbio | www.sanlorenzo maggiore.com | Mo–Fr 8–18.30, Sa, So 9–19 Uhr

IM VORBEIGEHEN ENTDECKT

❻ KAISERSTATUE C6

Zwischen den Marmorsäulen und der Frontseite der Basilika di San Lorenzo steht ein wenig beachtetes Denkmal aus Bronze aus dem Jahr 1937. Es stellt den römischen **Kaiser Konstantin** dar. Sein Übereinkommen mit **Licinius**, dem Kaiser des Ostens, im Jahr 313, ihren Untertanen weitgehende Religionsfreiheit zu gewähren (Mailänder Vereinbarung), ermöglichte den Bau von Kirchen und Basiliken und hat das Stadtbild Mailands einschneidend verändert.

Corso di Porta Ticinese 35 | Straßenbahn 3: Carobbio

❼ PARCO DELLE BASILICHE C6

Wie der Name erahnen lässt, verbindet dieser Park aus den 1950er-Jahren zwei Basiliken, nämlich **San Lorenzo Maggiore** und **Sant'Eustorgio**. Tagsüber kommen vor allem Mütter mit Kindern, am Abend Jugendliche, die ein dunkles Eckchen zum Knutschen suchen. Am schönsten ist der Park kurz nach Einbruch der Dämmerung, wenn beide Basiliken diskret angestrahlt werden.

Piazza Vetra | Bus 94: Via Molino delle Armi/Piazza Vetra

⑧ BASILICA SANT'EUSTORGIO C7

Die Anfänge der Kirche Sant Eustorgio reichen ins 4. Jh. zurück, in die Zeiten des Bischofs Eustorgius. Unter dem Fußboden der Basilika ist noch heute ein vorchristlicher Friedhof mit Grabsteinen zu sehen. Im Lauf der Jahrhunderte wurde sie immer wieder umgebaut, ihre heutige Form erhielt sie im 13. Jh. Ihre vielen Kapellen lassen sich am besten von der Via Santa Croce aus bewundern. Schmuckstück unter den Grabkapellen ist die **Capella Portinari**, ein sehr gut erhaltenes Beispiel lombardischer Renaissancekunst. Die Kapelle trägt den Namen des Auftraggebers, Pigello Portinari, einem Bankier aus Florenz, und bewahrt die Reliquie des Märtyrers Pietro da Verona auf. Angeblich ruhten in der Krypta der Kirche bis zum 12. Jh. die sterblichen Überreste der Heiligen Drei Könige, die dann von Friedrich Barbarossa geraubt und in den Kölner Dom überführt wurden, gesicherte Quellen gibt es dazu aber nicht. Nichtsdestotrotz findet jedes

Anfang des 20. Jh. gab der Kölner Erzbischof einen kleinen Teil der Reliquien an Sant'Eustorgio zurück.

Jahr am 6. Januar ihnen zu Ehren eine Prozession zur Basilika statt. Und jeder neue Bischof von Mailand beginnt seine Prozession an dieser Basilika und erreicht den Dom als Zeichen des Einzugs Jesu in Jerusalem. Ein interessantes Detail: Am Turm ist kein Kreuz angebracht, sondern ein Stern als Hinweis auf den Stern, der die Drei Könige zum Jesuskind führte.

Piazza Sant'Eustorgio 3 | Straßenbahnen 3, 9, 29, 30: Pizza XXIV Maggio | Tel. 02/58 10 15 83 | www.santeustorgio.it | tgl. 10–18 Uhr | Eintritt 6 €, erm. 3 €

⑨ UNIVERSITÀ LUIGI BOCCONI D7

Italiens führende Privatuniversität für Wirtschafts- und Finanzstudiengänge ist eine Kaderschmiede für Banker, Unternehmer und Manager. In wirtschaftlichen Krisenzeiten haben Absolventen der Universität auch wiederholt Aufgaben in der Regierung übernommen. **Mario Monti**, seit 1994 Präsident der Universität, war von November 2011 bis April 2013 Ministerpräsident von Italien und hatte mehrere Ministerposten mit

Das Schuppenmuster über der Bemalung der Kuppel erschwert die Wahrneh-
mung der tatsächlichen Höhe der Capella Portinari.

»Bocconiani«, wie die ehemaligen Studierenden dieser Elite-
hochschule genannt werden, besetzt. Gegründet wurde sie von
einem Mailänder Kaufmann, zu Ehren seines 1896 in Äthio-
pien gefallenen Sohnes Luigi Bocconi. Es war die erste italienische Universität, die einen Abschluss in Ökonomie vorsah.
Via Sarfatti 25 | Straßenbahn 9: Via Bocconi

⓾ FONDAZIONE PRADA E8
Früher wurde hier Schnaps destilliert, heute Kultur. Das weitläufige Gelände wurde vom Architekten **Rem Koolhaas** in ein
aufregendes Gesamtkunstwerk verwandelt. Mit Straßen und
Höfen wie in einem eigenen Dorf. Der Fokus der ständigen
und wechselnden Ausstellungen liegt auf internationaler zeitgenössischer Kunst. Ein Erlebnis ist auch die **Bar Luce**, entworfen von Regisseur **Wes Anderson**. Sie ist eine Hommage
an die Mailänder Cafés der 1950er- und 1960er-Jahre.
Largo Isarco 2 | Metro: Lodi | www.fondazioneprada.org | Mo, Mi, Do
10–19, Fr–So 10–21 Uhr | Eintritt 15 €, erm. 12 €

Essen und Trinken

① *Authentisch*
ACQUABELLA E7

Die Geschwister Liliana, Massimo und Daniela Artuso haben der Mailänder Küche ein Denkmal gesetzt. In Gedenken an ihren Vater Mario, der Trattorien in verschiedenen Stadtteilen führte und sich als Gastwirt in der Stadt einen Namen machte. In diesem gemütlichen Restaurant an der Porta Romana wird sie unverfälscht angeboten, auch wenn das ein paar Einschränkungen mit sich bringt. So wird die *cassoeula*, ein Eintopf mit Kohl, Schweinsfüßen, Rippchen, Schwarte, Sellerie und Karotten, wie es die Tradition will, nur im Herbst serviert. Das Risotto milanese mit Safran und die *cotolette* kann man dagegen das ganze Jahr genießen.

Via San Rocco 11 | Metro: Porta Romana | Tel. 02/58 30 96 53 | www.acquabella.it | Di–Sa 12–14.30 und 19.30–23 Uhr | €€€

② *Alternativ*
CASCINA CUCCAGNA F7

Die Casina Cuccagna ist weit mehr als ein Restaurant: Das stimmungsvolle Bauernhaus aus dem 17. Jh. und sein Umland ist ein eigener Mikrokosmos. Es wurde von einem Verein restauriert und 2012 der Öffentlichkeit zugänglich gemacht. Seitdem hat es sich zu einem Treffpunkt für alle entwickelt, die an einem Leben im Einklang mit der Natur interessiert sind. Yogakurse, Workshops zu nachhaltigem Bauen und saisonalem Kochen wechseln sich mit Seminaren und kulturellen Veranstaltungen ab. Auch ein Blumenladen und eine Werkstatt für Vintage-Fahrräder haben hier ihren Sitz. Das Restaurant mit lauschigem Innenhof und viel Platz zum Draußensitzen bietet überwiegend vegetarische Gerichte, auch für Allergiker gibt es genug Auswahl. Die Zutaten stammen von mehr als 100 Kleinbetrieben aus der Region, die biologisch und nachhaltig wirtschaften. Stilles Wasser ist gratis, es gibt ein Kindermenü und hausgemachte Babykost zu kleinen Preisen.

Via Cuccagna 2/4 | Metro: Lodi | Tel. 02/54 11 87 33 | www.cuccagna.org | tgl. 10–1 Uhr | €–€€

③ *Klösterlich*
CHIOSTRI DI SAN BARNABA E6

Eine Oase der Ruhe in den *chiostri* (Kreuzgängen) eines Klosters aus dem 15. Jh. Hier treffen Geschichte und guter Geschmack aufeinander. Ein stilles Eckchen, um in Ruhe einen Cappuccino oder eine Tasse Tee am Nachmittag zu trinken. Es lohnt sich aber auch, mittags oder abends zum Essen zu kommen. Es kocht der junge Giancarlo di Simone, der den Käse aus einer kleinen Käserei in Mantua kommen lässt und ein Händchen für leichte Fischgerichte hat. Die Karte ist nicht umfangreich, wechselt monatlich, garantiert sind frische Zutaten. Die Desserts sind hausgemacht.

Via San Barnaba 48 | Metro: Crocetta | Tel. 02/5 46 64 94 | www.ichiostri.net | Mo–Fr 12–15 und 18.30–24, Sa 18.30–24 Uhr | €€€

④ *Gesund und leicht*
FRAGOLAMI F7

Viel Obst und Gemüse, dampfgegart, knackig und vitaminreich. Das farbenfrohe Bistro von Tiziana hat viele treue Stammkunden. Auch dank der angemessenen Preise. Die cremigen Suppen kosten 3,50 €, Salat 3 €. Hier werden auch Allergiker satt. Ideal für den kleinen Hungen zwischendurch.

Via Tiraboschi 1 | Metro: Porta Romana | Tel. 02/55 19 90 83 | www.fragolami.it | Mo–Fr 10.30–16.30 Uhr | €

⑤ *Stylish*
LACERBA E7

Eine Entdeckung in einer kleinen Seitenstraße. Farbenfrohes, modernes Ambiente mit Bildern der Futuristen an den Wänden. Die Cocktailbar wartet mit den besten Tequiladrinks der Stadt auf und schließt frühestens um 1 Uhr morgens. Die Küche ist durchaus kreativ, schließt aber die Klassiker nicht aus. Die Auswahl reicht vom Barsch in Salzkruste bis zu gewagten Fisch-Käse-Kombinationen und Pasta mit Scampi und schwarzen Trüffeln. Beilagen wie Karotten mit Orangenfilets und Sternanis machen Vegetarier glücklich.

Via Orti 4 | Metro: Crocetta | Tel. 02/5 45 54 75 | www.lacerba. it | Mo–Fr 12–15 und 19–24, Sa 19–24 Uhr | €€€

⑥ Süß
PASTICCERIA SISSI F5

Der schöne Innenhof und die knusprigen Croissants locken während der Modeschauen viel Publikum aus der Fashionwelt an. Stoßzeiten wie die Kaffeepause gegen 11 Uhr sollte man vermeiden, da es sehr voll wird. Im Winter ist die heiße Schokolade (nicht zu verwechseln mit Kakao, da es sich wirklich um geschmolzene Schokolade in der Tasse handelt) mit Sahne ein Energiekick.

Piazza Risorgimento 6 | Bus 61: Piazza Risorgimento | Tel. 02/ 76 01 46 64 | Mo 8.30–12, Mi–Sa 8.30–20, So 11.30–19.30 Uhr | €€

Einkaufen

⑦ Moderne Antiquitäten
MERCATINO PENELOPE F5

Ein Sammelsurium an Möbelstücken, Objekten, Accessoires aus den 1950er- bis 1980er-Jahren. Viel Braun und Orange, viel Plastik, viel Erinnerung.

Via M. Melloni 6 | Bus 61: Piazza Tricolore | Tel. 02/39 68 05 88 | www.penelopeinterni.it | Di–Sa 10–19.30, So 15–19.30 Uhr

⑧ Geschenke
ALIVE E7

Als Ivan Falconieri vor 20 Jahren sein eigenes Friseurgeschäft eröffnete, wollte er nicht nur Haare schneiden. Er wollte Gäste statt Kunden, und noch heute gibt es tagsüber Kaffee und abends Bier gratis. Und so sieht dieser Concept Store mit Artikeln vom Leuchthalsband für Hunde bis zu handgenähten Haarbändern und Tuniken von außen eher aus wie ein Chill-out-Lokal. Abends legt auch schon mal ein DJ auf, und aufstrebende Mailänder Künstler finden hier eine Ausstellungsfläche. Während der Fashion Week und der Möbelmesse finden Spezialevents statt. Ach ja, die Haare schneiden lassen kann man sich auch noch.

Via Burlamacchi 11 | Metro: Porta Romana | Tel. 02/54 10 85 29 | www.alivemilano.com | Mo 10–19, Di, Fr 9–21, Mi, Do 9–20, Sa 9–19 Uhr

Abendgestaltung

⑨ Traditionsbühne
TEATRO CARCANO E6

Der elitäre Geist von früher weht heute nicht mehr durch

Ein Fleckchen Land inmitten der Großstadt. Die Cascina Cuccagna (s. S. 142) ist ein Zentrum für Kultur, Umwelt, Essen und soziale Aktivitäten.

das klassisch-elegante Parkett, aber sein Erbe als das Theater des Adels und gehobenen Bürgertums verleugnet das Carcano nicht. Errichtet wurde es unter Napoleons Regentschaft, als die ganze Stadt umgebaut und modernisiert wurde. Der Mäzen Giuseppe Carcano wollte auch einen Beitrag leisten und ein großes Theater mit 1500 Plätzen finanzieren. Der Architekt Luigi Canonica nahm sich die Scala zum Vorbild und schuf einen Veranstaltungsort, der dem damaligen Ambiente im Viertel sehr entsprach. Operndiven wie Maria Malibran und geniale Musiker wie Niccolò Paganini traten hier auf, später Elenora Duse. Auch heute steht hier immer wieder die Crème de la Crème der Schauspielerei auf der Bühne. Der Spielplan reicht von klassischen Goldoni-Werken bis zu moderner Dramaturgie.

Corso di Porta Romana 63 | Metro: Crocetta | Tel. 02/55 18 13 77 | www.teatrocarcano.com

⑩ *Klasse Eis*
GELATERIA PORTA ROMANA E7

Je später, desto voller. Die Einwohner des Viertels kommen gerne nach dem Abendessen, um mit ihrem Eishörnchen in der Hand über den Corso zu flanieren. Die Eisdiele von Adriano und Tochter Giulia hat ein besonderes Händchen für veganes Eis, das in Mailand immer beliebter wird. Besonders gut sind die Sommersorten Maracuja und Kaktusfeige, das Fruchteis wechselt je nach Saison, und je kühler die Temperaturen, desto mehr Nuss- und Sahneeis finden sich zur Auswahl.

Corso di Porta Romana 126 | Metro: Porta Romana | Tel. 02/94 39 05 80 | www.gelateriaporta romana.it | tgl. 11–23, im Winter bis 22 Uhr | €

⑪ *Enoteca* VERTICAL E6

Eine modern eingerichtete Enothek mit guter Auswahl und einem unterhaltsamen Betreiber. Toni ist immer zu Späßen aufgelegt und findet für jeden die richtigen Worte – und den richtigen Wein. Schön ist die Idee des *apericalice* zwischen 18.30 und 21.30 Uhr: Für 8 € bekommt man ein Glas Wein und die typischen Vorspeisenhäppchen. Sollte der Hunger dann kommen, gibt es auch kalte Gerichte zu angemessenen Preisen. Dank der langen Öffnungszeiten auch ideal für ein letztes Glas vor dem Zu-

bettgehen. Und wenn man seinen Lieblingstropfen gefunden hat, kann man ihn im Shop gleich kaufen.

Viale Lazio/Viale Monte Nero | Metro: Porta Romana | Tel. 02/83 96 00 32 | Di–Do 18–24, Fr–Sa 18–1 Uhr | €€

⑫ *Großes Theater* TEATRO FRANCO PARENTI F7

Ein Klassiker der Mailänder Theaterlandschaft und über die Stadtgrenzen hinaus bekannt für seine modernen Interpretationen großer Klassiker wie »Hamlet«, »Macbeth«, »Ödipus« sowie Molières »Der eingebildete Kranke«. Gegründet wurde es 1972 von dem Schauspieler Franco Parenti, der Regisseurin Andrée Ruth Shammah und weiteren Theaterleuten als »Salone Pier Lombardo« (nach dem Straßennamen). Nach Parentis Tod 1989 wurde das Theater nach ihm benannt. Aufgrund der jüdisch-sephardischen Wurzeln von Shammah, die heute noch als Direktorin des Theaters fungiert, wird der jüdischen Kultur und biblischen Themen immer wieder Raum gegeben. Viel Applaus bekommt Shammah auch für die Entdeckung und Förderung unbekannterer italienischer Theaterautoren, die mit ihren Neuinszenierungen Impulse setzen. Seit 2008 verfügt das Teatro Franco Parenti über drei Bühnen, alle im selben Gebäude und gleichzeitig bespielbar. Der historische Sitz wurde dafür komplett modernisiert und bietet neben großen Inszenierungen und Konzerten auch das richtige Ambiente für Monologe, Lesungen und Philosophieabende.

Via Pier Lombardi 14 | Straßenbahn 9: Monte Nero/Pier Lombardo | Tel. 02/59 99 52 06 | www. teatrofrancoparenti.it

⑬ Elektronische Musik
MAGAZZINI GENERALI D8

Gleich hinter der Bahnlinie, in einem alten Depot der Eisenbahn, befindet sich eine der ersten Diskotheken Mailands, die sich der elektronischen Musik gewidmet hat. Seit 1995 legen im Magazza, wie die Mailänder sagen, DJs aus ganz Europa auf, der Mainfloor misst mehr als 1000 m², die Bartheke ist fast 30 m lang.

Via Pietrasanta 14 | Metro: Lodi | magazzinigenerali.org

⑭ Multikulti
CIRCOLO ARCI BELLEZZA D7

Seit 1976 bietet dieses Kulturzentrum der politischen Linken Essen und Trinken zum kleinen Preis. Neben den Bedürfnissen des Magens geht es hier um die des Herzens und der Seele, denn das Bellezza ist ein Begegnungszentrum. Da die typische Arbeiterschaft aufgrund des Strukturwandels in Mailand schwindet, ist das Publikum inzwischen sehr gemischt und international. Die Bar führt ein Südamerikaner, der vor 20 Jahren ohne Papiere nach Mailand kam und heute ein multikulturelles Team leitet. Am Wochenende spielen oft lokale Bands und landesweit bekannte Musiker, die sich der linken Szene verbunden fühlen. Je später der Abend, desto besser die Stimmung. Machen Sie sich auf erhitzte Gespräche über Politik gefasst.

Via Bellezza 16 A | Straßenbahn 24: Via Ripamonti/Via Bellezza | Tel. 02/58 31 94 92 | www.arci bellezza.it | Di–So 11–1 Uhr | €

BRERA –
GOLDENES KARREE

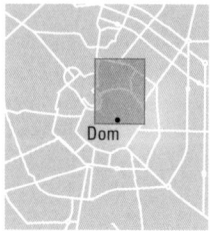

Dieser Teil Mailands ist reich an Museen, Restaurants und edlen Boutiquen. Aber auch ohne dort einzukaufen lohnt sich ein Bummel entlang der neoklassizistischen Fassaden in der Via Monte Napoleone, denn oft verbergen sich dahinter wunderschöne, begrünte Innenhöfe.

Hier ist Mailand französisch. Kopfsteinpflaster, Straßencafés, autofreie Gassen zum Schlendern – das Viertel Brera wird auch der **Montmartre Mailands** genannt und ist wie geschaffen für einen romantischen Bummel. Ockerfarbene, niedrige Häuser mit Bistro im Parterre und Wohnungen im Obergeschoss versprühen nach wie vor den Charme der Bohème, wenn auch renoviert und herausgeputzt. Doch die Zeiten, als sich hier Künstler mit schmaler Brieftasche einquartierten, sind definitiv vorbei. Die Boheme ist abgewandert. Die Restaurants sind hochpreisig, und nicht jedes ist sein Geld wert. Denn hier flanieren viele Besucher von auswärts, und diese Laufkundschaft wird teilweise mit schlechtem Essen zu unverschämten Preisen abgefertigt. Glücklicherweise machen auch die Mailänder selbst gerne einen Abendspaziergang durch

Heute gehört Brera aufgrund seiner zentralen Lage nordwestlich des Doms und wegen seines Flairs zu den begehrtesten und teuersten Adressen in Mailand.

Brera und wählen für romantische Rendezvous eines der teuren, aber auch guten Restaurants.

So wie mit dem Essen in Brera ist es auch mit dem Shoppen im Goldenen Karree: Was nichts kostet, taugt nichts, aber zu viel bezahlen sollte man auch nicht. Deshalb lohnt sich im Kaufrausch immer ein kurzer Vergleich mit dem, was man für

Alessandro Manzoni, Mailands berühmter Schriftsteller, soll San Fedele (s. S. 150) oft besucht haben. Heute steht er in Bronze gegossen vor dem Gotteshaus.

Gucci, Prada, Versace und Co. zu Hause bezahlen würde. Wer die Tempel der Mode betreten möchte, ohne etwas zu kaufen, braucht ein bisschen Selbstbewusstsein angesichts des top-ge-stylten Verkaufspersonals und den Satz auf den Lippen »Do un'occhiata« (ich schau mich um). Der Ausdruck »Goldenes Karree« *(quadrilatero d'oro)* ist entstanden, weil die Hauptein-kaufsstraßen ein Quadrat bilden und sich hier fast ausschließ-lich Luxuslabels angesiedelt haben. Allerdings ist diese Regel dank Uhrenhersteller Swatch, dem Schuhlabel Campers und anderen erschwinglichen Marken inzwischen aufgeweicht. Neben den Boutiquen gibt es auch ein paar elegante Cafés, die zu einer entspannten Pause mit »Leute gucken« einladen.

Sehenswertes

① PALAZZO MARINO D5

In diesem imposanten Palazzo aus dem Jahr 1588 tagt heute die Stadtverwaltung. Einst wohnte hier eine junge Adlige, de-ren Leben Alessandro Manzoni inspirierte: die rätselhafte, wunderschöne und unglückliche **Nonne von Monza**. Sie war die Nichte des Bankiers Tomaso Marino aus Genua, der den prächtigen Renaissancepalast bauen ließ. Der Geschäftsmann gehörte Mitte des 16. Jh. zu den meistgehassten Männern Mailands, weil er das Monopol auf Salz hielt und eine Steuer von fünf Prozent auf den Verkaufspreis erhob.

1943 wurden bei einem Bombenangriff auf Mailand kostbare Fresken und Stuckdekorationen im Innern des Palastes zerstört, an sie erinnern nur noch alte Fotografien. Sehenswert ist auch der Innenhof mit dem Bogengang auf Doppelsäulen und seinen üppigen Dekors.

Piazza della Scala | Metro: Duomo

② SAN FEDELE D5

Die Lieblingskirche der gut situierten Mailänder. Hier betete auch der berühmte Schriftsteller Alessandro Manzoni. Ihr Bau, den die Jesuiten 1569 **Pellegrino Tebaldi** in Auftrag gegeben hatten, dauerte über zwei Jahrhunderte, und die Fassade wurde erst 1835 fertig. Heute gilt dieses Gotteshaus mit nur einem Hauptschiff und seitlichen Kapellen als Musterbeispiel der lombardischen Architektur der Gegenreformation.

Piazza San Fedele 4 | Metro: Duomo

SEHENSWERTES
① Palazzo Marino
② San Fedele
③ Teatro alla Scala ★
④ Leonardo-da-Vinci-Statue ◉
⑤ Museo Teatrale della Scala ⚑
⑥ Gallerie d'Italia
⑦ Casa degli Omenoni
⑧ Museo Manzoniano
⑨ Piazza del Liberty
⑩ Palazzo Morando
⑪ Museo Bagatti Valsecchi

⑫ Pinacoteca di Brera
⑬ Orto Botanico di Brera
⑭ San Marco
⑮ Palazzo Crivelli ◉
⑯ San Simpliciano

ESSEN UND TRINKEN
① Antica Focacceria San Francesco
② Giacomo Bistrot
③ Cova
④ Bar Bamboo ⚑
⑤ Victoria
⑥ N'Ombra de vin

⑦ Orto di Brera ⚑

EINKAUFEN
⑧ Höpli
⑨ Piumelli
⑩ Armani Megastore
⑪ Cavalli e Nastri
⑫ Farage Cioccolato

ABENDGESTALTUNG
⑬ Piccolo Teatro
⑭ Fashion Café

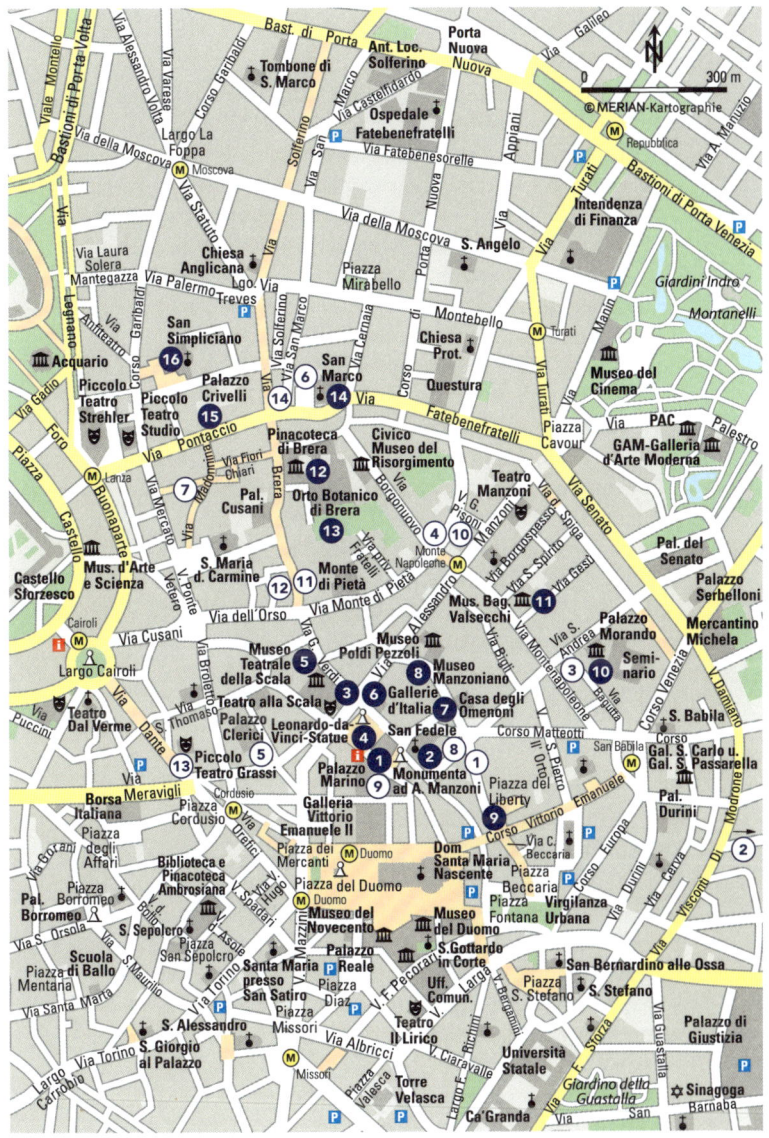

© MERIAN-Kartographie

❸ TEATRO ALLA SCALA D5

1778 fand die erste Aufführung statt: Antonio Salieris »L'Europa riconosciuta«. Seitdem ist die Scala, die ihren Namen von der Kirche hat, die hier einst stand, Mailands Primadonna im Kulturbetrieb. In Auftrag gegeben hatte sie die österreichische Kaiserin Maria Theresia, Hofarchitekt **Giuseppe Piermarini** erbaute sie in nur zwei Jahren. Hinter der Strenge ihrer klassizistischen Fassade verbirgt sich ein prunkvoll ausgestatteter Tempel der Oper, der auch die Sanierung durch den Schweizer Stararchitekten **Mario Botta** überlebt hat. Botta, dem die Modernisierung der Bühnentechnik am Herzen lag, versah die Scala mit einer raffinierten Drehbühne und baute einen blasenförmigen Anbau sowie einen 38 m hohen Bühnenturm. Zur Wiedereröffnung 2004 wurde dieselbe Oper gegeben wie 1778. Im Risorgimento war das feine Opernhaus übrigens ein Zentrum der Patrioten, die gegen die österreichische Fremdherrschaft kämpften und ein vereinigtes italienisches Königreich anstrebten. Ihr verschlüsselter Schlachtruf »Via Verdi« bedeutete Vivia Vittorio Emanuele, Re d'Italia (Es lebe Viktor Emanuel, König von Italien).

Piazza della Scala | Metro: Duomo | Ticketverkauf 02 86 07 75 | www.teatroallascala.org | Kasse tgl. 12–18 Uhr

◉ IM VORBEIGEHEN ENTDECKT

❹ LEONARDO-DA-VINCI-STATUE D5

Stolz steht der Meister auf seinem Sockel mitten auf der Piazza della Scala – umgeben von seinen vier besten Schülern. Auf dem Relief sind die Disziplinen dargestellt, in denen er sich hervorgetan hat: Als Maler, Bildhauer, Architekt und Baumeister hat er sich um Mailand verdient gemacht. Die Mailänder lassen es allerdings etwas an Ehrfurcht mangeln, sie haben dem Denkmal in Windeseile einen neckischen Spitznamen verschafft. »On liter in quatter« nennen sie es im Dialekt, auf italienisch »un litro in quattro«, was übersetzt heißt »Ein Liter für vier«. Leonardo steht nämlich wie eine Weinflasche zwi-

1482 holten die Sforza Leonardo da Vinci nach Mailand. Mit Unterbrechungen stand der Maler und Universalgelehrte über 20 Jahre in ihren Diensten.

schen den Schülern, die wie vier Gläser aussehen. Pietro Magni schuf das Bildnis 1862 aus Marmor und Granit.

Piazza della Scala | Metro: Duomo

MERIAN EMPFEHLUNG

⑤ MUSEO TEATRALE DELLA SCALA D5

Fans von Maria Callas und anderen Opernstars der Scala sowie der Oper allgemein geht hier das Herz auf: ausgestellt sind Kostüme, Büsten, Noten- und Librettomanuskripte, außerdem Originalfotos. Der Museumsbesuch berechtigt auch zu einem kurzen Blick ins Theater. Dafür durchqueren Sie das Foyer und landen in einer originalgetreu erhaltenen Loge. Wenn gerade geprobt wird, gehören Sie zu den Glückspilzen, die einen Blick darauf erhaschen und vor allem einen Moment zuhören dürfen. Der Besuch ist aber leider nicht immer möglich. Zum Trost kann man im Museumsshop CDs und Video-Aufnahmen berühmter Scala-Vorstellungen kaufen.

Piazza della Scala | Metro: Duomo | tgl. 9–17.30 Uhr | Eintritt 9 €

Leone Leoni, der Schöpfer der Skulpturen der Casa degli Omenoni war Bildhauer am Hof Karls V., bevor er sich in Mailand niederließ.

6 GALLERIE D'ITALIA D5

Hier gibt es Werke von Alberto Burri, Emilio Vedova, Piero Manzoni, Mario Schifani und weiteren italienischen Künstlern des 20. Jh. aus den Beständen einer Bankenstiftung zu sehen. Die Exponate sind in drei miteinander verbundenen klassizistischen Palazzi ausgestellt. Der älteste, **Palazzo Anguissola Antona Traversi**, stammt aus dem 15. Jh. und wurde im 18. Jh. vom Conte Anguissola zu einem der elegantesten Stadtpalais Mailands im neoklassizistischen Stil umgebaut. »Vielleicht das am meisten bewunderte Wohnhaus der Stadt«, sagte Luigi Zucoli 1841 über ihn.

Piazza della Scala 6 | Metro: Duomo | www.gallerieditalia.com | Di–So 9.30–19.30, Do bis 22.30 Uhr | Eintritt 10 €, Kinder bis 18 Jahre frei, EU-Bürger bis 25 Jahre 5 €

7 CASA DEGLI OMENONI D5

Die Mailänder lieben es, skurrilen Bauten Spitznamen zu geben. Und so verpassten sie diesem exzentrischen Wohnhaus (um 1565 datiert) den Namen »Omenoni« (große oder mächtige Männer). Gemeint sind damit acht riesige Skulpturen, die förmlich aus der Fassade springen und kleinen Kindern Angst einjagen. Sie stellen die von den Römern bezwungenen Barbaren dar und wurden vom Hausherrn Leone Leoni persönlich gemeißelt. Leoni war nämlich ein ebenso erfolgreicher wie exzentrischer Bildhauer, der sich nach einem abenteuerlichen Leben unter anderem an den Höfen von Karl V. und Philipp II. ein standesgemäßes Zuhause gönnte.

Via degli Omenoni 3 | Metro: San Babila oder Montenapoleone

❽ MUSEO MANZONIANO D5

Sein Roman »Promessi Sposi« (»Die Brautleute«) ist Pflichtlektüre aller italienischen Gymnasiasten und seit der Coronavirus-Pandemie 2020 wieder beliebter Lesestoff. **Alessandro Manzoni** beschreibt darin die Geschichte der Verlobten Renzo und Lucia zur Zeit der großen Pestepidemie Mitte des 17. Jh. und der Fremdherrschaft durch die Spanier. Manzonis Wohnhaus ist heute Ausstellungsort seines Schaffens mit Bildern, Manuskripten und Erinnerungsstücken.

Via Gerolamo Morone 1 | Metro: Montenapoleone | Tel. 02/86 46 04 03 | www.casadelmanzoni.it | Di–Fr 10–18, Sa 14–19 Uhr | Eintritt 5 €, erm. 3 €

❾ PIAZZA DEL LIBERTY D5

Wenn man die Einkaufsstraße **Corso Vittorio Emanuele** entlanggeht, lohnt ein Blick auf diesen kleinen, seltsamen Platz, den man über die Via San Paolo erreicht. Ins Auge fällt sofort der Kontrast zwischen den modernen Gebäuden, die den Platz einfassen, und der prächtigen Jugendstilfassade, die sich über dem Ferrari-Store erhebt. Sie gehörte ursprünglich zum stilvollen Albergo del Corso, doch in einer Bombennacht im Zweiten Weltkrieg wurde das Hotel so stark beschädigt, dass man es abreißen musste. Die noch intakte Fassade wurde einfach mit einem modernen Bürogebäude umbaut. Wer den Effekt auf sich wirken lassen will, kann in dem netten Straßencafé auf dem Platz eine Shoppingpause einlegen.

Piazza del Liberty | Metro: Duomo

⑩ PALAZZO MORANDO – COSTUME MODA IMMAGINE E5

So paradox es klingen mag, aber gerade Mailand, eine der wichtigsten Modemetropolen weltweit, hat bis heute kein wirkliches Modemuseum. Dafür gibt es aber dieses kleine und wirklich entzückende Museum, eingerichtet in einem Palazzo des 16. Jh. Die Lage könnte nicht besser sein: Die Via Sant'Andrea verbindet die zwei nobelsten Shoppingstraßen der Stadt, Via Monte Napoleone und Via della Spiga. Wer sich also nicht nur für Shopping interessiert, sondern gerne etwas mehr über die Geschichte der Mode und deren Einfluss auf die Gesellschaft erfahren möchte, ist in diesem Museum richtig.

Via Sant'Andrea 6 | Metro: Montenapoleone | www.costumemoda immagine.mi.it | Di–So 9–13 und 14–17.30 Uhr | Eintritt frei

⑪ MUSEO BAGATTI VALSECCHI D5

Eines der drei Mailänder »Case Museo« ist das herrschaftliche Wohnhaus der Brüder Fausto (1843–1914) und Giuseppe Bagatti Valsecchi (1865–1934). Sie wollten sich wie im 16. Jh. einrichten, und da sie wohlhabend genug waren, ist ihnen das auch gelungen. Der türkische Schriftsteller und Literaturnobelpreisträger **Orhan Pamuk** war von dieser Einrichtung so begeistert, dass sich einige Szenen seines Romans »Das Museum der Unschuld« hier abspielen. Extra-Tipp: ein Cappuccino oder Aperitif im wunderschönen Innenhof, das interne Restaurant bietet auch sehr gute traditionelle Küche.

> Zu sehen sind Teppiche, Möbel, Gemälde, Tapisserien, Waffen, Keramiken, Gegenstände aus Bronze und alle möglichen Haushaltsgegenstände.

Via Gesù 5 | Metro: Montenapoleone oder San Babila | Tel. 02/76 00 61 32 | www.museobagattivalsecchi.org | Di–So 13–17.45 Uhr | Eintritt 10 €, erm. 7 €

⑫ PINACOTECA DI BRERA D4

Ein echtes Highlight in der Mailänder Museumslandschaft. Hier ist eine der größten Gemäldesammlungen weltweit zu sehen, die aufgrund von Schenkungen privater Stiftungen auch

Im Palazzo Morando werden seit 2010 Kleidungstücke aus vielen Epochen ausgestellt. Auch das Gebäude im Rokokostil ist bezaubernd.

noch stetig wächst. Im Fokus steht die lombardische Malerei.
Unbedingt sehen sollte man in Saal 6 Andrea Mantegnas Bild
»Der tote Christus«. Die Füße des Gekreuzigten scheinen aus
dem Gemälde herauszuragen. Weitere Meisterwerke: Raffaels
»Die Vermählung der Maria«; Piero della Francescas »Maria
mit Kind, umgeben von Heiligen« und Caravaggios »Abendmahl in Emmaus«.

Im Palazzo des Nationalmuseums werden nicht nur die al-
ten Meister ausgestellt, sondern auch junge Künstler ausgebil-
det. Denn im Erdgeschoss dieses 1772 unter der Habsburgerin
Maria Theresia von Giuseppe Piermarini und Francesco Maria
Richini maßgeblich umgestaltete Jesuitenklosters ist die
Kunstakademie von Brera untergebracht. Wenn die Türen zu
den Klassenzimmern offen stehen, darf man auch einen Blick
hineinwerfen. Die Pinakothek befindet sich dagegen im ersten
Stock. Auch ein Blick in die Räumlichkeiten des Osservatorio
Astronomico, der früheren Sternwarte, lohnt sich sowie in die
Bibliothek, die bis auf die neu hinzugekommenen Suchcompu-
ter noch genauso aussieht wie zu den Zeiten Maria Theresias.

Und zu guter Letzt lässt sich im **Botanischen Garten** hinter der Pinakothek wunderbar über die Meisterwerke, die man bewundert hat, meditieren.

Via Brera 28 | Metro: Lanza | www.pinacotecabrera.org | Di–So 8.30–19.15 (Kassenschluss 18.40 Uhr), jeden 3. Do im Monat bis 22.15 Uhr (Sonderpreis 3 €) | Eintritt 15 €, Kinder bis 18 Jahre frei, EU-Bürger 18–25 Jahre 3 €, Di, Mi Senioren über 65 Jahre frei

❸ ORTO BOTANICO DI BRERA D4/5

Eine grüne Oase mitten in der Stadt, wunderbar an heißen Sommertagen – doch jahrhundertelang hatten die Mailänder sie schlicht vergessen. Erst Ende der 1990er-Jahre wurde der historische botanische Garten, den die Habsburgerin Maria Theresia 1774 in einem ehemaligen Klostergarten anlegen ließ, wiedereröffnet. Ob die beiden mehr als 200 Jahre alten Ginkgobäume sich über den erneuten Besucheransturm freuen oder die Zeiten im Dornröschenschlaf bevorzugen?

Via Brera 28 | Metro: Lanza | Tel. 02/50 31 46 83 | www.ortobotanico italia.it/lombardia/brera | April–Okt. Mo–Sa 10–18, Nov.–März Mo–Sa 9.30–16.30 Uhr | Eintritt frei

❹ SAN MARCO D4

Eine uralte Kirche mit spezieller Atmosphäre. Das Portal ist noch original aus dem Jahr 1254. Von hinten ist der schöne Glockenturm aus dem 13. Jh. zu sehen. Im Innern bestechen der Chor und die Gemälde in den Seitenkapellen, die zwischen dem 15. und 16. Jh. entstanden sind, vor allem die »Madonna mit Kind im Arm« aus der Meisterschule Leonardos. Zu den Gläubigen, die die Kirche besuchten, gehörten auch Martin Luther und Wolfgang Amadeus Mozart. Zu Ehren des Komponisten werden regelmäßig Konzerte organisiert.

Piazza San Marco 2 | Metro: Lanza | Tel. 02/29 00 25 98 | Mo–So 7–12 und 16–19 Uhr

Etwas versteckt hinter der Pinacoteca di Brera erstreckt sich der Garten des Orto Botanico di Brera – ein entspannender Ort abseits der Hektik der Metropole.

Jedes Jahr im Mai lässt man vor der Basilica di San Simpliciano weiße Tauben aufsteigen, im Gedenken an die drei Martyrer, die hier begraben liegen.

⑮ PALAZZO CRIVELLI D4

Das einzige Adelspalais, das im 16. Jh. im damals volkstümlichen Brera-Viertel gebaut wurde. Hinter seiner lang gezogenen Fassade verbergen sich ein Innenhof im Barockstil mit dekorativen Trompe-l'œil-Fresken und ein großer Garten.

Via Pontaccio 12 | Metro: Lanza

⑯ SAN SIMPLICIANO D4

Diese dreischiffige romanische Basilika steht auf den Resten einer frühchristlichen Kirche aus dem 4. Jh., die der hl. Ambrosius errichten ließ. Das Innere entspricht der schlichten Strenge romanischer Kirchen und ist original. Die Fassade ist dagegen im neoromanischen Stil 1870 von Carlo Maciachini entworfen worden. Der Basilika angegliedert sind zwei sehr schöne Kreuzgänge aus dem 15. und 16. Jh. Sie gehören zu einem ehemaligen Benediktinerkloster, in dem heute die Theologische Fakultät untergebracht ist.

Via San Simpliciano 7 | Metro: Lanza, Straßenbahnen 4, 7, 12, 14: Buonaparte-Lanza | Tel. 02/86 22 74 | www.sansimpliciano.it

Essen und Trinken

① *Fingerfood gegen die Mafia*
ANTICA FOCACCERIA SAN FRANCESCO D5

Typisch sizilianisches Fingerfood wie *arancini* (Reisbällchen, gefüllt mit Kochschinken, Mozzarella und Tomaten) und mit Artischocken und Sardellen belegte *focaccia* lässt sich hier im Sitzen essen. Die Räumlichkeiten sind angenehm hell und modern. Kinderfreundlicher Service. An Wochentagen wird es mittags allerdings sehr voll, und das Personal kommt schon mal ins Schwitzen. Die Focacceria empfiehlt sich für einen schnellen Snack zwischendurch. Weitere Filialen gibt es im CityLife Shopping District und im Viertel Porta Venezia.

Hauptsitz ist seit mehr als einem Jahrhundert das sizilianische Palermo, wo das Unternehmen zu den Mitgründern einer Anti-Schutzgeld-Vereinigung gehört, die sich gegen die sizilianische Mafia richtet. Dafür gab es Drohbriefe, aber auch mehrere Auszeichnungen für verantwortungsvolle Ethik. Auch beim Personal und der Wahl der Zulieferer ist das soziale Engagement entscheidend.

Via San Paolo 15 | Metro: San Babila | Tel. 02/875411 | www.anticafocacceria.it | €

② *Romantisch*
GIACOMO BISTROT E5

Ein romantisches Lokal mit dem Charme des 19. Jh. Die Einrichtung ist detailverliebt und rigoros Vintage, die Holzvertäfelung in zartem Grün stammt vom Trödelmarkt. Die Spaghetti mit Scampi und frischen Kräutern sind ein Gedicht. Im Herbst gibt es auch Trüffelgerichte. Sehr gut sind hier auch die Desserts, allen voran die erstklassigen Torten.

Via Pasquale Sottocorno 6 | Straßenbahn: Premuda/Sottocorno | Tel. 02/760 02 33 13 | www.giacomobistrot.com | tgl. 12–24 Uhr | €€€

③ *Die Kunst der Praline*
COVA E5

Das traditionsreiche Kaffeehaus wurde 1817 von einem Soldaten der napoleonischen Armee in der Nähe des Opernhauses La Scala eröffnet. 1950 ist es ins Goldene Karree umgezogen und ver-

Das Victoria bietet exzellente italienische Küche in klassisch-französischem Ambiente. Kann als Geheimtipp durchgehen.

süßt dort den Bummel mit feinsten Pralinen und Gebäck. Hier treffen sich die Mailänder *signore*, während das Hausmädchen den Salon reinigt, verzehren Sachertorte, und Pudeldame Chérie bekommt auch ein Stückchen Gebäck. Während der *saldi*, der Zeit der Schlussverkäufe in den Edelboutiquen ringsherum, stehen überall auf dem Boden Einkaufstüten, und zwischen russischen Schönheiten und japanischen Reisegruppen bleibt kaum noch Platz am relativ kleinen Tresen. Hinsetzen sollte man sich aufgrund der dann stark erhöhten Preise eher nicht. Besser, man trinkt seinen Espresso im Stehen. Aber einen Blick hineinwerfen sollte man unbedingt.

Seit 2013 ist das Cova in Besitz von LVMH, eines französischen Multikonzerns für Luxuswaren, dem auch die Modemarke Louis Vuitton gehört.

Via Monte Napoleone 8 | Metro: Montenapoleone | Tel. 02/76 00 55 99 | www.pasticceriacova.it | Mo–Sa 8–20.30 Uhr | €€€

④ Zu Gast bei Re Giorgio
BAR BAMBOO D5

Zur blauen Stunde, wenn lässige Musik aus den Lautsprechern plätschert und das Licht milchig wird, lohnt sich ein Besuch der Bar Bamboo im 7. Stock des Armani Hotels in der Via Manzoni ganz besonders. An Armani führt einfach kein Weg vorbei. Doch statt eine sündhaft teure Suite zu mieten oder im Edelrestaurant das Urlaubsbudget zu verprassen, reicht ein Drink hier oben, um in die Welt des Modeschöpfers einzutauchen. Kein anderer verkörpert den Geschmack und den »way of life« der Mailänder so sehr wie »Re Giorgio« (König Giorgio). Und nebenbei: Die Drinks sind göttlich, die Ledersofas butterweich. Fast möchte man sich die Schuhe ausziehen und die Beine hochlegen. Dafür ist das Ambiente dann aber doch zu stilvoll. Und was würde wohl Re Giorgio dazu sagen?

Via Manzoni 31 | Metro: Montenapoleone | Tel. 02/88 83 88 88 | www.armanihotels.com | €€€

⑤ Gutes Essen zu später Stunde
VICTORIA D5

Zentral und doch versteckt gelegen. Die Einrichtung ist von hohen Decken, Wandspiegeln und mit Samt bezogenen Sitzmöbeln aus dem Jugendstil geprägt. Vortrefflich sind die Degustationsmenüs, die den Fokus auf Mailänder Spezialitäten, italienische Klassiker oder Fisch und Meeresfrüchte legen. Ideal für ein spätes Abendessen nach dem Scala-Besuch, möglicherweise sitzt man dann neben Mitgliedern des Scala-Chors oder des Balletts. Das Victoria hat aber auch mittags geöffnet.

Via Clerici 1 | Metro: Duomo | Tel. 02/8 69 07 92 | www.victoria ristorante.it | Mo–Fr 12.30–14.30 und 19.30–24, Sa 19.30–24 Uhr | €€€

⑥ Wein und Tradition
N'OMBRA DE VIN D4

Historische Enothek im früheren Refektorium eines Klosters. Das Ambiente ist trotz der Größe des Lokals stimmungsvoll und macht Lust zu verweilen. Hier nippen sowohl Stammkunden im besten Alter an ihren Gläsern als auch junge Vertreter aus Modebusiness und Finanzwelt. Immer wieder treten Musiker und Bands auf.

Via San Marco 2 | Metro: Lanza | Tel. 02/6 59 96 50 | www.nombra devin.it | tgl. 10–2 Uhr | €€

11 MERIAN EMPFEHLUNG

⑦ *Frischer geht's nicht*
ORTO DI BRERA D4

Hier isst man direkt beim Gemüsehändler. Die Brüder Leonardo und Michele beliefern seit Jahrzehnten die Restaurants von Brera mit Obst und Gemüse. 2015 machten sie aus ihrem Lagerraum einen Einzelhandelsladen, wo man aber nicht nur Gemüse einkaufen, sondern auch gleich vor Ort verspeisen kann. Seither ist der Orto di Brera ein Schlaraffenland für Vegetarier. Küchenchef Claudio Crotti überzeugt mit liebevoll zubereiteten Mittagsgerichten, die vor allem Kreative und Akademiker aus der Kunstszene von Brera überzeugen. Stadtbekannt ist das vegetarische Sushi.

Via San Carporofo 6 | Metro: Lanza | Tel. 02/86 46 10 56 | www.ortodibrera.com | Di–Sa 9–19 Uhr | €

Einkaufen

⑧ *Bücher*
HÖPLI D5

Der Schweizer Verleger Johann Ulrich Höpli eröffnete 1870 diesen Tempel der Bücher. Auf fünf Etagen stehen mehr als 100 000 Exemplare zur Ansicht bereit. Darunter eine gute Auswahl für Liebhaber des Antiquariats. Die wuchtigen Regale mit einer Gesamtlänge von 2 km und die bequemen Lehnsessel erinnern an eine Bibliothek und laden zum Verweilen und Schmökern ein. Es gibt auch eine gute Auswahl an deutschsprachigen Büchern und natürlich wunderschöne Bildbände über Mailand.

Via Höpli 5 | Metro: Duomo oder San Babila | Tel. 02/86 48 71 | www.hoepli.it | Mo–Sa 10–19.30 Uhr

⑨ *Lederhandschuhe*
PIUMELLI D5

Die feinen Lederhandschuhe aus dieser in Neapel beheimateten Manufaktur haben in Mailand Kultstatus. Und sogar die zurückhaltenden Japaner sind völlig aus dem Häuschen, sobald sie vor dem Schaufenster stehen. Man

Edle Adresse, edle Produkte. Bei Piumelli in der Galleria Vittorio Emanuele II gibt es neben edlen Handschuhen auch schöne Taschen.

kann unter vielen Modellen wählen, in klassischen oder bunten Farben. Das Geschäft in der Galleria ist auch sonntags durchgehend geöffnet.

Galleria Vittorio Emanuele II, Via Monte Napoleone 18 | Metro: Duomo | Tel. 02/8 69 23 18 | www. piumelli.com

⑩ *Fashion und Design* ARMANI MEGA-STORE D5

Mit diesem Kaufhaus hat sich der Modeschöpfer Giorgio Armani einen Traum erfüllt. Denn so stellt er sich Shop-

pen idealerweise vor: Man schlendert durch luftige, helle Räume, die nicht mit Ware vollgestellt sind, sondern alles Käufliche wohl organisiert präsentiert wird. Es gibt Schuhe, Möbel und Bettwäsche, verschiedene Kollektionen, dazu eine kleine Buchhandlung mit Literatur zu Mode und Design, einen edlen Blumenladen. Und zum Schluss genießt man einen Drink im Emporio Armani Café, das auf die Seitenstraße Via Croce Rossa hinausgeht, oder speist beim Edeljapaner

Giorgio Strehler gründete das Piccolo Teatro als Volkstheater, das jedem Bürger zugänglich sein sollte. 1947 war dies in Italien revolutionär.

Nobu. Ohne Vorbestellung gibt es hier allerdings keinen freien Tisch.

Via Manzoni 31 | Metro: Montenapoleone | Restaurant Nobu Tel. 02/62 31 26 45

⑪ *Vintage*
CAVALLI E NASTRI D5

Hier trifft man auch auf Leute aus der Modebranche, die hinter einem exklusiven Vintage-Stück her sind und es in diesem bunten Laden meistens finden. Ob es sich nun um ein Cocktailkleid aus den 1950er-Jahren handelt oder eine Kelly-Bag, das Angebot ist enorm. Die Vintage-Manie hat mittlerweile auch so manchen Herrn gepackt. Deshalb hat neben diesem Laden in Brera auch ein zweites Geschäft mit »Vintage für Ihn« in der Nähe von San Lorenzo eröffnet. Für Männer mit Vorliebe für Retro gibt es Anzüge, Mäntel, Hemden, Hüte der besten Marken und der besten Jahre, angefangen bei den 1950ern.

Via Brera 2 | Metro: Montenapoleone | Tel. 02/72 00 04 49 | www.cavallienastri.com |

Vintage für Ihn: Via Gian Giacomo Mora 3 | Tel. 02/49 45 11 74 | Mo Vormittag geschl.

⑫ Schachteln und Schokolade
FARAGE CIOCCO-LATO D5

Kleiner, sehr feiner Pralinenladen einer Portugiesin, die auch Torten auf Bestellung nach individuellen Wünschen macht. Alles in wunderschönen, handgemachten Verpackungen, die man gerne Daheimgebliebenen mitbringt. Man kann sowohl die Pralinen als auch die Schachtel aussuchen. Leider halten sich die Produkte nicht lange, was natürlich damit zu tun hat, dass sie nicht industriell hergestellt werden.

Piazza del Carmine 1 | Metro: Lanza | Tel. 02/86 91 57 31 | www.faragecioccolato.it

Abendgestaltung

⑬ Theater
PICCOLO TEATRO D5

Il Piccolo ist eine Institution in Italiens Theaterszene. Gegründet von Giorgio Strehler und Paolo Grassi 1947 hat es heute drei Spielstätten. Im historischen Hauptsitz, dem prächtigen Palazzo Carmagnola, das Teatro Grassi. Des Weiteren das moderne Piccolo Teatro Strehler, in dem auch Konzerte und Kinofestivals stattfinden. Und das kleinere Teatro Studio in einem wunderschönen Theater aus dem 18. Jh. Es ist der Schauspielerin Mariangela Melato gewidmet und wird vor allem als Bühne für Monologe, Nachwuchskünstler und als Experimentierstätte genutzt.

Teatro Grassi, Via Rovello 2, Metro: Cordusio | Brera Teatro Strehler & Teatro Studio, Via Rivoli, 6, Metro: Lanza | Tel. Ticketverkauf: 02/42 41 18 89 | www.piccolo teatro.org | €€–€€€

⑭ Drinks und DJ-Musik
FASHION CAFÉ D4

Stilbewusste junge Mailänder treffen sich hier nach Büroschluss. Und bleiben auch gerne bis in die Nacht. Das Design greift Elemente aus den Fünfzigerjahren auf und kombiniert sie mit erdigen Farbtönen und viel Holz. Von Donnerstag bis Sonntag legt zum Aperitif ein DJ auf.

Via San Marco 1 | Metro: Lanza | Tel. 02/6 57 20 21 | €€ | www. fashioncafe.it | Mo–Mi 10–2, Do, Fr 10–3, Sa, So 17.30–3 Uhr

NAVIGLI – MAGENTA – WAGNER

Ausgelassenes Feiern an den historischen Wasserstraßen. Ehrfürchtiges Staunen vor Leonardo da Vincis Wandfresko in der Basilika Santa Maria delle Grazie. Im Südwesten Mailands, der sich in den letzten Jahren dynamisch entwickelt, ist beides und noch viel mehr möglich.

Obwohl Mailand weder einen See noch einen großen Fluss hat, war das Wasser früher allgegenwärtig. Die antiken Kanäle – **navigli** – nach denen dieses pittoreske Viertel im Süden benannt ist, waren wichtige Transportwege. In Zeiten, in denen Transporte zu Land beschwerlich, teuer und zeitaufwendig waren, boten sie einen unschätzbaren wirtschaftlichen Vorteil. Der älteste stammt aus der Zeit Kaiser Hadrians. Entlang der Hauptkanäle Richtung Süden wohnten früher Handwerker und Arbeiter. Sie lebten in den typischen *case di ringhiera* mit einer langgezogenen Loggia auf jedem Stockwerk, über die man in die einzelnen

Dass das römische Mediolanum zu einem wichtigen Handelsplatz mitten in der Ebene des Po wurde, verdankte es auch seinen damals noch sehr rudimentären Kanälen.

Wohnungen gelangte und von der man auf den gemeinsamen Innenhof blickte. Früher überspannten Wäscheleinen diese Innenhöfe, Besuchern tropfte es in den Nacken. Heute sind sie eine Attraktion, und es ist ein gewisser Ehrgeiz erwacht, sie hübsch zu begrünen und herauszuputzen. Inzwischen sind die ockerfarbenen Häuser restauriert und werden von Künstlern und Architekten bewohnt, die hier Inspiration suchen. Es ist ein Privileg, an den Navigli zu wohnen, und die Mieten sind dementsprechend.

Erst in den 2000er-Jahren haben die Mailänder das urbane Potenzial der alten Kanäle, hier der Naviglio Grande (s. S. 172), wiederentdeckt.

Wenn man über den Wochenmarkt an der **Viale Papiniano** von der Darsena kommend in Richtung Norden läuft, gelangt man in den kleinen, aber feinen Stadtteil **Magenta**. Benannt nach dem Stadttor Porta Magenta wartet er mit Sehenswürdigkeiten auf, allen voran Leonardo da Vincis berühmtes Wandfresko »**Il cencacolo**« vom letzten Abendmahl in der Basilika Santa Maria delle Grazie. Das **Wissenschaftsmuseum**, das da Vinci gewidmet ist, zeigt allerlei Erfindungen des vielseitig interessierten Künstlers. Zwischen Viale Papiniano und ihrer Verlängerung liegt das Mailänder **Gefängnis San Vittore**. Seit dem Ende des Zweiten Weltkriegs erlangte es zweimal Berühmtheit: 1946, als sich Gefangene bei einer Revolte auf dem Dach verbarrikadierten und sich erst ergaben, als ihre Lebensmittelvorräte verbraucht waren. Und 1992, als im Zuge der Korruptionsermittlungen »Mani pulite« illustre Politiker und Unternehmer hier in Untersuchungshaft saßen (→ S. 20).

Nördlich der Porta Magenta hat sich ein Wohnviertel entwickelt, in dem sich auch als Besucher sehr gut logieren lässt. Man erlebt das authentische Mailand und hat zwischen der **Piazza Wagner** und der **Piazza Buonarroti** eine gute Auswahl an Restaurants, Cafés und typischen Geschäften.

SEHENSWERTES

1. Naviglio Grande ⭐
2. Armani Silos
3. MUDEC 🚩
4. Base
5. Vicolo dei Lavandai
6. Darsena
7. Museo Diocesano
8. Parco dell'Anfiteatro
9. San Vincenzo in Prato
10. Museo Nazionale della Scienza e della Tecnica 🚩
11. Santa Maria delle Grazie ⭐
12. Palazzo Litta
13. Mercato Coperto Wagner ⬤
14. Casa di Riposo per Musicisti »Verdi«

ESSEN UND TRINKEN

1. Cavoli a merenda
2. Kiosko
3. Erba Brusca
4. Al Pont de Ferr 🚩
5. La Gelateria della Musica

EINKAUFEN

6. Raw
7. Antiquitätenmarkt Navigli
8. TUG
9. Belfiore

ABENDGESTALTUNG

10. Le Trottoir
11. Backdoor 43
12. Rocket Club

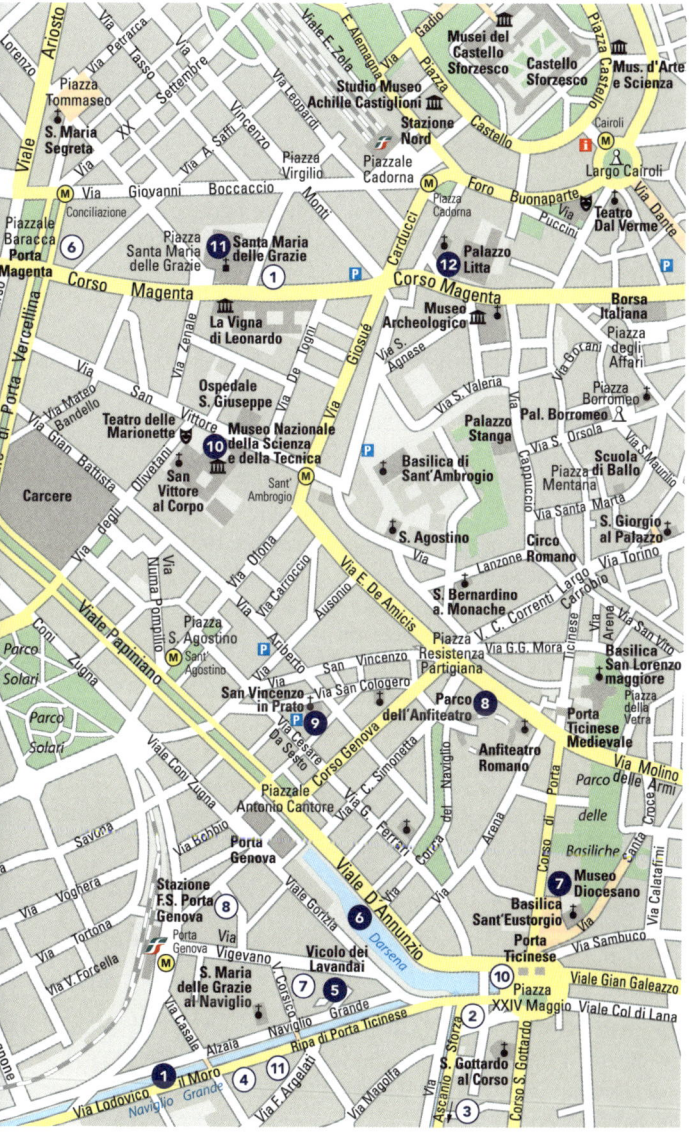

Sehenswertes

 MERIAN TOP 10

❶ NAVIGLIO GRANDE B7

Die große Wasserstraße war Teil eines hoch entwickelten Kanalsystems. Die Navigli, so wie wir sie heute kennen, entstanden zwischen dem 12. und 15. Jh. und flossen bis zum Castello Sforzesco im Zentrum. Mitte des 15. Jh. gab es einen regelrechten Bauboom, binnen 35 Jahren wurde ein Kanalsystem von 90 km Länge geschaffen. Und 1482 gab der damalige Herzog von Mailand, Ludovico Il Moro, dem Künstler und Universalgenie **Leonardo da Vinci** die Weiterentwicklung in Auftrag. Da Vinci verbesserte die Schiffbarkeit durch ein Schleusensystem, mit dem sich der Wasserstand regulieren ließ.

Heute sind nur noch der **Naviglio Grande**, der **Naviglio Pavese** und der **Naviglio della Martesana** vorhanden. Der Niedergang der Kanäle kam mit der Gründerzeit, und schon 1877 wurde der innere Kanalring gedeckt. Mit dem Aufkommen von Straßenbahnen und Autoverkehr verloren die Navigli ihre Funktion. Sie wurden erst überflüssig und dann lästig, weil sie dem Straßenverkehr »im Weg« waren. Ab 1929 wurden sie systematisch gedeckt und mit Zement aufgefüllt. Eigentlich wollte man zur Weltausstellung Expo 2015 all die Kanäle von früher wieder zum Vorschein bringen, doch noch fehlt das Geld für ein so ehrgeiziges und teures Projekt.

Heute ist der Naviglio Grande eine der beliebtesten Flaniermeilen der Mailänder mit Buchhandlungen, Trödel- und Antiquitätenläden, Straßencafés und Eisdielen. Abends verwandelt er sich in einen Hotspot des Nachtlebens mit Kneipen und Pubs, oft winzige Schuppen, in denen lokale Bands spielen und Bier oder Wein in Strömen fließen.

❷ ARMANI SILOS B7

In einem früheren Kornspeicher feiert sich Mailands Starmodeschöpfer heute selbst. Es geht aber nicht nur um Selbstbeweihräucherung, sondern um Geschichte und Entwicklung

Klare Linie. Seinen Modestil hat Giorgio Armani erfolgreich in die Architektur seines 2015 eröffneten Modemuseums übersetzt.

der italienischen Mode am Beispiel seiner Entwürfe und Kollektionen. »Hier wurden Getreide und Dinge zum Essen gelagert, und genau wie Essen gehört auch Kleidung zum Leben dazu«, sagte er zur Eröffnung anlässlich seines 40-jährigen Firmenjubiläums. Gezeigt werden auch Wechselausstellungen unter anderem aus dem Bereich Fotografie.

Navigli | Via Bergognone 40 | Metro: Porta Genova | Tel. 02/91 63 00 10 | www.armanisilos.com | Mi–So 11–19 Uhr | Eintritt 12 €

MERIAN EMPFEHLUNG

❸ MUDEC B7

Auf einem Teil des früheren Ansaldo-Fabrikgeländes eröffnete 2015 das **Museo delle Culture** (Museum der Kulturen der Welt). In das Projekt, das den Austausch zwischen den Kulturen fördern will, wurden die verschiedenen nationalen Communitys, die in Mailand heimisch sind, miteinbezogen. Interessant sind nicht nur die Dauer- und die Wechselausstellungen, sondern auch die Architektur. **David Chipperfield** ist eine gute Mischung aus Alt und Neu gelungen. Die Ausstellungsfläche im ersten Stock ist um eine glasüberdachte Piazza herum angelegt, die von außen wie eine Blase oder Wolke wirkt und mit den streng symmetrischen Linien des Gebäudekom-

Fifty Shades of Grey

Niemand ist mehr Mailand als **Giorgio Armani**. Und keine Stadt ist von ihrer eleganten, modernen Architektur her näher an Armanis Mode-Minimalismus als Mailand. Die beiden haben sich einfach gefunden. Und zwar als der junge Giorgio in den 1960er-Jahren für das traditionsreiche Nobelkaufhaus **La Rinascente** arbeitete. So innovativ und fashionable war landesweit kein anderes Bekleidungsgeschäft. Hier lagen die ersten Miniröcke im Schaufenster, hier gab es das zu kaufen, was man anderswo nur auf der Kinoleinwand sah.

La Rinascente war und ist Kult. Es liegt damals wie heute direkt am Domplatz, nur einen Steinwurf von der **Galleria Vittorio Emanuele II** entfernt, der überdachten Einkaufspassage, entworfen 1864 vom Architekten Giuseppe Mengoni und benannt nach dem ersten Monarchen des damals neu entstandenen Königreichs Italien. Man betritt diese historische Shoppingmall durch einen riesigen Triumphbogen und wird von ihrer pompösen Eleganz fast erschlagen. Überall Stuck,

In den 1980er-Jahren entwarf Armani die Uniformen der italienischen Luftwaffe.

allegorische Malereien, Fresken und Säulen. In ihrer Mitte befindet sich ein achteckiger Platz von fast 40 Metern Durchmesser. In wunderschönen Bodenmosaiken sind die Wappen der Städte Mailand, Rom, Florenz und Turin abgebildet. Der Stier im Wappen Turins ist leider etwas abgeschliffen, weil sich täglich Tausende auf dem Absatz über ihm einmal um die eigene Achse drehen, das soll nämlich Glück bringen. Über dem Oktogon wölbt sich eine mächtige Glaskuppel, durch die auch im Winter Tageslicht fällt. Graues Licht, weil der Himmel dann verhangen ist und die Wolken Schnee versprechen, der aber nur selten kommt.

Dieses Grau ist typisch für Mailand, es findet sich auch an den Häuserfassaden, vermischt mit Ockertönen, und ist Inspiration für einen der größten Modedesigner, die Italien her-

Armani und Mailand sind untrennbar miteinander verbunden. Die lombardische Weltmarke befindet sich nach wie vor im Besitz des Gründers.

vorgebracht hat. Giorgio Armani kreierte nämlich ein ganz eigenes Grau, das in Fachkreisen den Namen »**Greige**« trägt oder auch »**Armanigrau**«. Es ist nicht trüb, nicht langweilig, sondern frisch, umwerfend elegant, und es passt perfekt zu seiner Vision femininer Mode. Weg mit steifen Kostümen, kratzigem Innenfutter – Kleidung muss fließen und den Frauenkörper umschmeicheln. Dann sieht auch ein Hosenanzug wahnsinnig sexy aus.

Der Erfolg gibt ihm Recht. Das 1975 in Mailand gegründete Modelabel von Giorgio Armani ist ein internationales Imperium mit einem Wert in mehrstelliger Millionenhöhe geworden. Und obwohl es heute Boutiquen mit Armani-Kollektionen praktisch überall auf der Welt gibt, lohnt es sich, einmal den **Armani Megastore** in Mailands Modekarree zu besuchen. Es ist ein Eintauchen in die Welt des Designers. Hier gibt es nicht nur Stücke, die es sonst nirgendwo zu kaufen gibt. Das gesamte Gebäude ist im Minimal-Chic-Stil, Armanis unverwechselbare Ästhetik. Und natürlich findet sich hier das ganze Repertoire seiner Grautöne.

plexes angenehm kontrastiert. Besonders zur Geltung kommt das in der Abenddämmerung, wenn diese **Nuvola** (Wolke) von innen in einem warmen Weiß leuchtet.

Navigli | Via Tortona 56 | Metro: Porta Genova | Tel. 02/5 49 17 | www.mudec.it | Mo 14.30–19.30, Di, Mi, Fr, So 9.30–19.30, Do, Sa 9.30–22.30 Uhr | Eintritt Dauerausstellung frei, Wechselausstellungen 10 €, erm. 8 €

❹ BASE B7

Keine Kulturstätte im traditionellen Sinne, sondern ein **multifunktionaler Raum** zum Austauch zwischen Künstlern und Kunstinteressierten. Herzstück ist das Bistro, wo man vom Frühstück bis zum Aperitif einkehren kann. Daneben gibt es beinahe jeden Tag kulturelle Events, außerdem Coworking- und Cohousing-Bereiche für Kunstschaffende.

Navigli | Via Bergognone 31 | Metro: Porta Genova | www.base.milano.it

❺ VICOLO DEI LAVANDAI C7

Eine malerische steinerne Waschstelle umgeben von typischen Arbeiterhäusern der Jahrhundertwende. Hier schrubbten einst die Waschfrauen *(lavandaie)* im Dienste der Bessergestellten. Es gab Waschfrauen für Buntwäsche, die für Weißes, die für Grobes und die für Feines. Und während sie ihrer Arbeit nachgingen, tauschten sie Klatsch und Tratsch aus. Wer erfahren wollte, was in den bürgerlichen Häusern so los war, der musste bei den Waschfrauen vorbeischauen.

Zu sehen sind die typischen Waschsteine, auf die ein Holzgestell gelegt wurde, im Mailänder Dialekt *brellin* genannt. Hierauf wurde die Wäsche ausgebreitet, eingeseift und geschrubbt und gewrungen. Die Waschfrauen arbeiteten auf Knien, bei gutem Wetter sangen sie, bei schlechtem Wetter schimpften und fluchten sie. Die Seife kauften sie in der Drogerie direkt an der Waschstelle. Heute wird hier kein Waschmittel mehr verkauft, sondern fein getafelt. Das historische Restaurant El Brellin bietet Mailänder Küche zu gesalzenen Preisen, die Lage zahlt man schließlich mit.

Navigli | Metro: Porta Genova

Der Vicolo dei Lavandai erinnert an die harte, aber sicherlich kommunikative Arbeit der Frauen, die hier bis in die 1950er-Jahre Wäsche wuschen.

6 DARSENA C7

Kein Meer, kein See, aber mit der Darsena gibt's einen Innenhafen, der anlässlich der Expo 2015 gereinigt und saniert wurde, worauf die Mailänder mächtig stolz sind. Hier flossen die Kanäle zusammen. Hier im Hafenbecken kamen die Marmorblöcke an, die zum Bau des Mailänder Doms dienten. Heute hat hier der Mercato Coperto, ein überdachter Markt für frische Lebensmittel, seinen Platz. Die Mailänder snacken hier gerne frittierten Fisch oder Hamburger aus Bio-Fleisch.

Navigli | Piazza XXIV Maggio | Metro: Porta Genova, Bus 9: Piazza XXIV Maggio

7 MUSEO DIOCESANO C7

Schon Erzbischof Ildefonso Schuster dachte 1931 an ein Museum der Mailänder Diözese. Dann kamen Krieg und Zerstörung, und die Idee wurde erst 1961 wieder von Kardinal Montini, dem späteren Papst Paul VI., aufgenommen. Die beiden stark beschädigten Kreuzgänge mussten vor der endgültigen Einweihung zunächst noch restauriert werden. Und so konnte erst der bei allen Mailändern besonders geschätzte **Kardinal Carlo Maria Martini** 2001 seinen Segen zur Eröffnung geben.

Die Navigli

Die alten Wasserkanäle waren jahrhundertelang Mailands Lebensadern. Durch sie kamen die Waren vom Land in die Stadt, wurden dorthin transportiert, wo sie gebraucht wurden. Auch der tonnenschwere Marmor für den Dom wurde vom Lago Maggiore bis ins Stadtzentrum verschifft. Mailand war wie Venedig von einem feinen Kanalnetz durchzogen und mit den oberitalienischen Seen und sogar mit der Adria verbunden. Bald kamen die Handwerker, die sich entlang der Kanäle ansiedelten, später die ersten Industriebetriebe. Und dann verloren die Kanäle ihren guten Ruf. Sie galten plötzlich als stinkende Kloaken, von Ratten bevölkert und als Gefahr für die öffentliche Gesundheit. Noch dazu waren sie den Faschisten Anfang des 20. Jahrhunderts bei der geplanten Stadterneuerung im Wege. Breite Straßen für militärische Aufmärsche und Exerzierplätze waren gefragt, nicht aber schmale Kanäle mit Brückchen für den Eselskarren. Also wurden sie zugeschüttet und zementiert – nur drei Kanäle blieben übrig, darunter der **Naviglio Grande** und der **Naviglio Pavese** im Süden der Stadt. Hier wohnten die einfachen Leute, die ärmeren Bevölkerungsschichten. Handwerker und Arbeiterfamilien teilten sich das Gemeinschaftsklo auf dem Gang in der charakteristischen *casa di ringhiera*.

> Die Mailänder Bäcker hatten Mehl zum Brotbacken, weil das Kanalwasser die Mühlräder antrieb, und die Reisbauern nutzen es, um ihre Felder zu bewässern.

Diese Haustypologie sieht meistens drei Stockwerke vor, die sich um einen Innenhof herum gruppieren. Im Erdgeschoss sind Werkstätten und Läden, in den oberen Etagen die Wohnungen. Die Eingänge befinden sich auf einer Loggia, die wie ein innerer Balkon alle Wohnungen miteinander verbindet und den Blick auf den Innenhof freigibt. Hier wurde die Wäsche zum Trocknen aufgehängt, die zuvor in den Kanälen geschrubbt worden war. Heute sind die Innenhöfe oft wunderschön begrünt. Statt geschraubt und gewerkelt wird hier geplaudert und der Kunst und Kultur gefrönt. Denn ab den 1980er-Jahren siedelten sich immer mehr Kreative hier an und veränderten das Gesicht des Viertels. Heute sind die dunklen Wohnungen mit Etagenplumpsklo saniert und gewinnbringend vermietet. Früher ging man ins Naviglio-Viertel, um etwas reparieren zu lassen. Heute besucht man hier am Wochenende Kurse im Aquarellmalen, Lesungen, Ausstellungen, oder man trifft sich zu einem späten Frühstück in einer netten Bar am Kanal. Das Leben plätschert gemächlich dahin, wie das dunkle Wasser der Kanäle, und man fühlt sich wie in einem Dorf. Erst wenn die Nacht hereinbricht, verwandelt sich das Viertel in einen **Hotspot des Mailänder Nachtlebens**. Cocktailbars stellen Tische und Stühle raus, Enotheken, Bierpubs, Pizzerien und Eisdielen öffnen ihre Türen für einen Ansturm, den man sich tagsüber angesichts der verträumten Atmosphäre des Viertels nicht hätte vorstellen können. Was vom Tage bleibt, ist der Schlenderschritt. Mit Hingabe widmet man sich den bis in die Morgenstunden geöffneten Läden mit Büchern, Schallplatten, selbst designten Klamotten, Bastelarbeiten und Trödel, genießt das Zusammensein mit Freunden, feiert die Nacht und das Leben.

> Nur hier an den Navigli erlaubt sich der Mailänder, abzubremsen und sich treiben zu lassen.

Doch die erstaunlichste Verwandlung vollzieht sich nach Sonnenuntergang, wenn sich das warme Licht der Straßenlaternen sanft im Wasser spiegelt. Maria Salti zieht sich dann vor den Fernseher zurück und verrammelt ihre hellblauen Fensterläden. Denn ihr »Dorf« feiert an beinahe jedem Sommerabend eine Art Volksfest – eins mit vielen jungen, gut aussehenden Gästen. Es ist, als zöge es halb Mailand an die Kanalufer: Bücher- und Schallplattenläden sind trotz später Stunde geöffnet, Liebespärchen knutschen auf den Brücken, sämtliche Stühle und Gehsteigkanten sind besetzt, und in den Gläsern schwappen bunte Cocktails bis tief in die Nacht.

»Wasser zieht uns Mailänder eben magisch an, es ist das Lebenselixier der Stadt«, erklärt Guido Rosti schulterzuckend, als

Die Darsena (s. S. 177), der alte Mailänder Binnenhafen, hat sich seit ihrer Grundsanierung 2015 zu einem kleinen Naherholungszentrum gewandelt.

am nächsten Morgen die Ufer wieder beschaulich in der Sonne liegen. Am Nachtleben findet der pensionierte Geologe zwar keinen Gefallen – aber am Wasser umso mehr. Er kämpft mit den **Amici dei Navigli** und mehreren weiteren Mailänder Bürgerinitiativen dafür, dass ein Teil der historischen Kanäle wieder geöffnet wird – insbesondere die **Fossa Interna**, die früher die Innenstadt fast wie ein Ring umschloss.

»Technisch wäre das ohne Weiteres möglich. Wir haben mit dem Polytechnikum aufwendige Studien gemacht«, sagt Rosti. 2011 half er bei der Organisation eines Referendums: Rund 94 Prozent der Mailänder, die ihre Stimme abgaben, stimmten für die Wiedereröffnung der Navigli. Gesetzlich bindend ist das Referendum allerdings nicht. Zumindest in seiner Fantasie leben die zugeschütteten Navigli weiter. Seit einigen Jahren schreibt er historische Romane über Mailand, in denen Wasser und das Kanalsystem eine wichtige Rolle spielen. Im wahren Leben wurde zumindest die Renovierung des Hafenbeckens **Darsena** abgeschlossen. 2015 entstanden hier Landebrücken und ein überdachter Markt. Die Mailänder erobern sich ihre Wasserstadt zurück.

Wer sich für sakrale Kunst interessiert, bekommt hier einen Einblick in die Malerei der Lombardei zwischen dem 4. und 20. Jh. Zu den ältesten Ausstellungsstücken zählen die aus der Toskana stammenden »Fondi oro« (1300–1400) sowie das Gemälde »Salvator Mundi« von Bernardino Lanino (um 1540). Berührend ist auch die am Kreuz Christi kniende Magdalena (1827) von Francesco Hayez. Das Museum ist gemeinsam mit dem Museum der Basilika Sant'Eustorgio zu besichtigen.

Navigli | Piazza Sant'Eustorgio 3 | Straßenbahn 3: XXIV Maggio | www.chiostrisanteustorgio.it | Di–So 10–18 Uhr | Eintritt 10 €, erm. 8 €

❽ PARCO DELL'ANFITEATRO c6

155 mal 125 m maß das Amphitheater aus römischer Zeit. Bis zu 35 000 Zuschauer fanden hier Platz und amüsierten sich bei Gladiatorenkämpfen und anderen blutigen Spektakeln. Zerstört wurde das Amphitheater im 5. Jh., und bis 1931 blieb es unentdeckt. Die Grabungsarbeiten, die zwischen 1998 und 2000 stattfanden, haben die Fundamente ans Licht gebracht, die man heute inmitten eines grünen Parks bewundern kann. 2018 wurde der Park erweitert und ein zweiter Zugang zum Areal geschaffen

Navigli | Eingänge Via Colludio und Via De Amicis 17 | Bus 94, Straßenbahnen 2, 3, 14: Via de Amicis | Tel. 02/89 40 05 55 | www.parcoanfiteatromilano.beniculturali.it | Di–Sa 9.30–14 Uhr | Eintritt frei

❾ SAN VINCENZO IN PRATO c6

Obwohl es sich um eine der ältesten romanischen Kirchen Mailands handelt, verpassen viele Besucher diesen Sakralbau. Architektonisch ist er von spartanischer Einfachheit und Strenge, im Innern sorgen die hohen Fenster und flackernden Kerzen für ein Spiel aus Licht und Schatten, das sich je nach Tageszeit und Stand der Sonne ändert. Die Kirche gehörte zu einem Kloster, das 1520 geschlossen wurde. Ende des 18. Jh. wurde die Kirche restauriert. Heute wird sie auch für klassische Musikkonzerte und Filmvorführungen genutzt.

Navigli | Via Daniele Crispi 6 | Metro: Sant'Agostino | www.sanvincenzoinprato.it | tgl. 7.45–12 und 15.30–19 Uhr

Der Architektur von Santa Maria delle Grazie schenken Besucher oft kaum Beachtung, dabei ist sie Mailands schönste Renaissancekirche.

⑩ MUSEO NAZIONALE DELLA SCIENZA E DELLA TECNICA B6

Gewidmet ist dieses konzeptionell hervorragende Museum mit vielen interaktiven Elementen Leonardo da Vinci. Mit mehr als 10 000 Ausstellungsstücken ist es das größte **Technik- und Wissenschaftsmuseum** Italiens. Hier kann man einen ganzen Tag verbringen, so viele verschiedene Themenbereiche gibt es. Die Entwicklungsgeschichte der Telekommunikation und des Transportwesens zu Wasser, zu Land und in der Luft, mit Prototypen der ersten Hubschrauber und experimentellen Fluggeräten, dazu eine Sektion über Physik und Materie und die faszinierende Welt der Teilchenphysik.

Wer weniger wissenschaftsaffin ist, geht am besten direkt in den ersten Stock, zur »**Galleria Leonardo**«, wo sich Wissenschaft, Geschichte und Kunst vermischen. Ausgestellt sind hier Modelle, die Wissenschaftler und Ingenieure des italienischen Militärs anhand der von Leonardo hinterlassenen Anleitungen und Zeichnungen gebaut haben. Das Universalgenie aus dem toskanischen Vinci war seiner Zeit weit voraus. Seit Dezember 2005 ist in einem der Innenhöfe auch das U-Boot »Enrico Toti« (1967) ausgestellt. Dieses 7 m hohe, 62 m lange und 458 t schwere U-Boot ist von Sizilien nach Mailand transportiert worden und begehbar. Wer die einmalige Chance wahrnehmen möchte, es von innen zu sehen, sollte sich rechtzeitig online einen Platz sichern.

Magenta | Via San Vittore 21 | Metro: Sant'Ambrogio | www.museo scienza.org | Di–Fr 9.30–17, Sa, So 10–18.30 Uhr | Eintritt 10 €, erm. 7,50 €, U-Boot 10 €, erm. 8 €

MERIAN TOP 10

⓫ SANTA MARIA DELLE GRAZIE UND DA VINCIS WANDGEMÄLDE »CENACOLO« B5

Die **schönste Renaissancekirche Mailands** war ursprünglich im gotischen Stil entworfen worden. Doch 1492 übernahm Bramante den Auftrag, schuf eine 16-eckige Kuppel, einen wunderschönen Kreuzgang und stellte seinen Bauherrn Lodovico Il Moro voll zufrieden. Der wollte nämlich mit dem Florenz der Medici und dem Rom der Päpste konkurrieren.

Im Refektorium des angeschlossenen Klosters ist Leonardo da Vincis atemberaubendes **Wandgemälde vom letzten Abendmahl** zu sehen Es hält den Moment fest, in dem Jesus verkündet, dass ihn einer der Jünger verraten wird. Mit 4,2 m Höhe und 9,1 m Breite war es für die damalige Zeit riesig und beeindruckte die Kunstwelt wegen der Theatralik und Emotionalität in den Gesten und Gesichtern der Apostel. Die Temperafarben, die Da Vinci verwendete, verblassten schon bald, und eine ganze Reihe von Restauratoren machte sich an dem Meisterwerk zu schaffen. Erst nach seiner fast 20-jährigen Restaurierung erstrahlt es wieder in seinem ursprünglichen Zustand – und verzaubert die Betrachter. Maximal 25 Personen haben nach Voranmeldung für 15 Min. Zutritt.

Navigli | Piazza Santa Maria delle Grazie 2 | Metro: Conciliazione oder Cadorna | Tel. für Ticketkauf: 02 92 80 03 60 | www.cenacolovinciano. net | Di–So 8.15–19 Uhr | Eintritt 15 €, 18–25 Jahre 2 €

Kaum ein Werk hat die Geschichte der Kunst stärker beeinflusst als Leonardo da Vincis monumentales Wandbild »Das letzte Abendmahl« (s. S. 183).

⑫ PALAZZO LITTA C5

In diesem imposanten Stadtpalais von 1648 (die Fassade wurde 1763 erneuert) fanden bereits im 16. Jh. **rauschende Feste** statt, an denen nicht nur Adlige, sondern auch das Volk teilnehmen durfte. Es heißt, dass hier auch die bis dahin übliche Anstandsregel gebrochen wurde, die besagte, dass Damen und Herren in Gruppen voneinander getrennt blieben. Die Mailänder Residenz der Grafen Litta hatte sogar ein privates Theater. Die Tradition ist geblieben, inzwischen jedoch öffentlich. Das **Teatro Litta** bietet 250 Zuschauern Platz und zeigt moderne Inszenierungen verschiedener Gastensembles.

Magenta | Corso Magenta 24 | Metro: Cadorna oder Cairoli

◉ IM VORBEIGEHEN ENTDECKT

⑬ MERCATO COPERTO WAGNER A5

Ende des 19. Jh. wurden in Mailand die ersten Markthallen errichtet. Diese ist eine der wenigen noch bestehenden und stammt aus dem Jahr 1929. Ein Besuch hier ist nicht nur ein echtes Mailand-Erlebnis, sondern auch noch ein Paradies für

Gourmets. Insgesamt sind hier rund 20 Läden untergebracht. Pflichtetappe mit Kostprobe ist der Käseladen **Formaggeria Poli**, der auch seltene Köstlichkeiten anbietet. Wer unter »Markthalle« günstige Preise versteht, wird hier eines Besseren belehrt, dafür ist die Qualität Spitze.

Wagner | Piazza Wagner | Metro: Wagner | Mo 8–13, Di–Sa 8–13 und 16–19.30 Uhr

⑭ CASA DI RIPOSO PER MUSICISTI »VERDI« A5

Die vom Opernkomponisten Giuseppe Verdi gestiftete Casa di Riposo per Musicisti ist ein Altersruhesitz, in dem alleinstehende und wenig vermögende Musiker Zuflucht finden. Verdi nannte die Institution »mein liebstes Werk«. Und hier hat er sich auch mit seiner zweiten Frau in einer Kapelle im Innenhof begraben lassen. Die **Krypta** ist für Besucher geöffnet. Die Besichtigung weiterer Räume ist nur für Gruppen nach Vereinbarung möglich. Hinter der Stuckfassade des schönen Gebäudes von 1889 wird natürlich viel gesungen und musiziert. Zu besonderen Anlässen finden auch Konzerte statt.

Wagner | Piazza Buonarroti 29 | Metro: Buonarroti | Tel. 02/4 99 60 09 | www.casaverdi.org | Krypta tgl. 8.30–18 Uhr

Essen und Trinken

① *Ganz privat im Patrizierhaus*
CAVOLI A MERENDA! C5

Hausherrin Vanessa versteht sich als Gastgeberin, nicht als Restaurantbetreiberin. Das ist ihr wichtig, schließlich öffnet sie ihre eigenen vier Wände für die Gäste. Elegant und ein bisschen versponnen wie Vanessa selbst ist natürlich auch ihr »privates Restaurant«. In einem Patrizierhaus aus dem 17. Jh. fühlt man sich in der Tat wie bei einer privaten Einladung zum Mittagessen. Bei einer aristokratischen Familie wohlgemerkt, deshalb ist es ratsam, gut gekleidet zu erscheinen.

Das Mobiliar ist antik, der goldene Kronleuchter natürlich original und sündhaft teuer. Das Ganze wirkt aber kein bisschen künstlich oder aufgesetzt. Die Tische sind schön dekoriert, und der großstädtische Trubel klingt nur von fern ans Ohr. Ausgesuchte Zutaten und kreative Küche machen das Essen zu einem Erlebnis. Und um die Figur braucht man sich auch keine Sorgen zu machen. Einige Gerichte sind von einer Ernährungsberaterin auf ihre ausgeglichene Kalorienbilanz geprüft worden. Reservierung zwingend erforderlich.

Magenta | Corso Magenta 66, 1. Stock (Treppe links hoch) | Metro: Cairoli | Tel. 33 84 67 95 13 | www.cavoliamerenda.eu | Restaurant Mo–Fr 12.30–14.30 Uhr, Café Mo–Fr 15–19 Uhr, abends sporadisch Kochkurse (Termine auf der Homepage) | €€€€

② *Fisch beim Kapitän*
KIOSKO C7

Die historische Fischhandlung von Raimondo Zannini brät den Fang direkt vor Ort und verkauft ihn preisgünstig in einer Papiertüte zum direkten Verzehr. Wie bereits sein Großvater lässt sich der etwas kauzige Betreiber gerne mit »Capitano Zannini« ansprechen.

Navigli | Piazza XXIV Maggio | Metro: Porta Genova, Bus 9: Piazza XXIV Maggio | Tel. 02/89 40 22 24 | www.ilkiosko24maggio.it | Mo–Sa 10–18 Uhr | €

③ *Mit Gemüsegarten*
ERBA BRUSCA südl. B8

Küchenchefin und Restaurantbesitzerin Alice Delcourt ist halb Französin, halb Britin

Alice Delcourt, unterwegs im Kräutergarten ihres Restaurants Erba Brusca. Die Speisen überraschen durch Qualität und Innovationsfreude.

und ein absoluter Gewinn für die Mailänder Gastronomieszene. Sofort nach der Eröffnung 2011 wurde sie mit Lob überschüttet – zu Recht. Sie setzt kreative Akzente am südlichen Stadtrand, wo Mailand allmählich in Wiesen und Reisfelder übergeht. All die duftenden Kräuter aus dem Garten geben den Gerichten ein feines Aroma. Selbst gemachtes Lavendeleis und Schokoladenkuchen mit Aprikosen runden das Menü ab. Im Sommer sitzt man sehr schön unter einer großen Pergola.

Navigli | Alzaia Naviglio Pavese 286 | Bus 90: Viale Liguria | Tel. 02/87 38 0711 | www.erbabrusca. it | tgl. 20–22.15 Uhr, Fr–So auch mittags geöffnet | €€

MERIAN EMPFEHLUNG 🚩 **14**

④ *Essen mit Stern*
AL PONT DE FERR B7
Hinter einer unscheinbaren Fassade versteckt sich eines von Mailands Toprestaurants. Der Name im Mailänder Dialekt weist auf die Eisenbrücke *(ponte di ferro)* hin, die sich über den Kanal spannt. Ausgeklügelte Gerichte der italie-

nischen Küche und bis zu siebengängige Menüs werden in legerer Atmosphäre serviert. Man kann den Profis sogar in die Töpfe gucken. Das Interieur ist gewollt rustikal, aber nichts ist dem Zufall überlassen. Schon gar nicht die Weinauswahl, die der Besitzerin und Sommelière Maida Mercuri besonders am Herzen liegt. Seit 2012 hat das Lokal einen Michelin-Stern.

Navigli | Ripa di Porta Ticinese 55 | Metro: Porta Genova | Tel. 02/89 40 62 77 | www.pontedeferr.it | tgl. 12.30–14.30 und 19–23 Uhr | €€€€

⑤ *Ausgefallene Sorten*
LA GELATERIA DELLA MUSICA A8

Ein Sorbet aus Gurke mit Minze und Mohnsamen – alles ist möglich in dieser Eisdiele der ungewöhnlichen Sorten. Die gefeierten Schokoladensorten reichen von gesalzener Zartbitter bis weißer Schokolade mit gerösteten Pinienkernen und bringen die Geschmacksknospen zum Jubeln. Zwei Filialen in Mailand und inzwischen auch im Ausland.

Navigli | Via Giovanni Enrico Pestalozzi 4 | Tel. 02/38 23 59 11 |

www.lagelateriadellamusica.it | Di–Do, So 12.30–21.30, Fr, Sa 12.30–22.30 Uhr

Einkaufen

⑥ *Antikes und Modernes*
RAW B5

Weder verstaubt noch altmodisch präsentiert sich diese Antiquitätenhandlung des Innenarchitekten Paolo Badasco. Nach längeren Aufenthalten in Nordeuropa eröffnete er gemeinsam mit zwei holländischen Freunden dieses spezielle Geschäft, das neben antiken auch moderne Einrichtungsgegenstände wie Lampen und Vasen und Accessoires bester Qualität verkauft. Wunderschön sind die bedruckten Sofakissen.

Magenta | Corso Magenta 96 | Metro: Cadorna | Tel. 02/48 02 47 85 | www.rawmilano.it | Mo 15.30–19.30, Di–Sa 10–19.30, So 10–13.30 und 14.30–19 Uhr

⑦ *Antiquitäten und Trödel*
ANTIQUITÄTEN-MARKT NAVIGLI B/C7

Mehr als 300 Anbieter verkaufen einmal im Monat antike Möbel, Uhren, Puppen,

Der Antiquitätenmarkt an den Navigli zieht einmal im Monat die Besucher an. Das Angebot – und die Preise – liegen deutlich über Flohmarktniveau.

Bücher, Gemälde und vieles mehr auf einem der ältesten Flohmärkte Mailands. Auf 2 km Länge lässt sich wunderbar schauen und schlendern. Die meisten Bars und Cafés bleiben bei der Gelegenheit geöffnet.

Navigli | Alzaia Naviglio Grande und Via Vigevano | Metro: Porta Genova | letzter Sonntag im Monat außer im Juli/Aug. 8.30–18.30 Uhr

⑧ *Mode*
TUG B7

Concept Store, spezialisiert auf Vintagemode von den 1940ern bis zu den 1990ern, die man hier in aller Ruhe an-probieren kann. Für sie und ihn, außerdem Bademode und Unterwäsche, aber rigoros von damals.

Navigli | Corso Cristoforo Colombo 11 | Metro: Porta Genova | Tel. 02/36 55 02 44 | www.tugstore.it | Mo 15.30–19.30, Di–Sa 11–14 und 15.30–19.30 Uhr

⑨ *Schuhe*
BELFIORE A5

Elegant oder sportlich, Mokassins oder Büroschuhe, Glattleder oder Velours – seit 1939 gibt es hier handgemachtes Schuhwerk made in Italy zu vergleichsweise günstigen Preisen. Zunächst nur für Herren, inzwischen auch

für Damen. Allerdings keine Pumps oder Extravagantes. Das einzige Zugeständnis an den heutigen Lebensstil sind Sneakers. Das Anprobieren in der winzigen Werkstatt ist ein Spaß für sich. Und natürlich wird hier auch edles Schuhwerk behutsam und fachmännisch repariert.

Wagner | Via Belfiore 9 | Metro: Wagner | Tel. 02/46 80 42 | www. calzaturebelfiore.com | Mo 14.30– 19.30, Di–Fr 9.45–19.30, Sa 9.45– 19 Uhr

Abendgestaltung

⑩ *Künstlertreff* **LE TROTTOIR** C7

Das Lokal befindet sich in einem der Zollhäuser an der Darsena (dem Mailänder Innenhafen). Viel Livemusik. Abwechselnd stehen aber auch Ausstellungen oder Installationen auf dem Programm.

Navigli | Piazza XXIV Maggio | Straßenbahn 3: Piazza XXIV Maggio | Tel. 02/8 37 81 66 | www. letrottoir.it | tgl. 11–4/5 Uhr | €

⑪ *Die kleinste Bar der Stadt* **BACKDOOR 43** B7

Mit 6 m² und Platz für vier Gäste ist diese Hintertürbar vielleicht sogar die kleinste der Welt. Den einzigen Tisch muss man dementsprechend lange im Voraus reservieren. Aber zum Glück kann man die gut gemixten Cocktails auch durch ein kleines Fenster von der Straße aus kaufen.

Navigli | Ripa di Porta Ticinese 43 | Metro: Porta Genova | tgl. 19.30–3.30 Uhr | €€

⑫ *Underground* **ROCKET CLUB** B7

Früher Fabrik, heute Dancefloor mit Hip-Hop, Rap, Trab und was es sonst noch alles an elektronischer Musik gibt. Bands und DJs, die hier auftraten, haben später international Karriere gemacht. Vier Bars, eine Balustrade mit Blick auf die Tanzfläche und Platz für 500 Leute.

Navigli | Alzaia Naviglio Grande 98 | Metro: Porta Genova | www. therocket.it | €€

Wenn die Sonne untergeht, füllen sich die Cafés, Bars und Restaurants an den Kanälen. Auch viele kleine Geschäfte haben teilweise bis nach Mitternacht geöffnet.

SPAZIERGANG

Durch das Karree der Stille: Auf den Spuren von Schauspielern, Industriellen, Adligen und Revolutionären

Dieser Bummel führt ins »Karree der Stille«, wo früher Gemüsegärten lagen und heute Prachtbauten die Blicke auf sich ziehen. Schillernde Bauherren und schräge Ideen, wie ein Ohr als Klingelschild, sorgen für Erstaunen, die Natur für Entspannung.

Start/Ziel: Metro-Haltestelle Palestro **Dauer:** 2 Stunden **Einkehrtipp:** Villa Necchi Campiglio, Via Mozart 14, Tel. 02/76 34 0121, www.casemuseomilano.it, Mi–So 10–18 Uhr, Eintritt 14 €, erm. 4 €

PIAZZA ELEONORA DUSE E5

Ein Torbogen führt hinein in das »Karree der Stille«. In der **Via Salvini** ist noch der Verkehrslärm vom viel befahrenen Corso Venezia zu hören, doch bereits die **Piazza Eleonora Duse** verbreitet melancholische Noblesse. Wilde Rosenstöcke verströmen ihren Duft, die Jugendstilfassaden sind verwittert, der ein oder andere geschwungene Balkon bröckelt. Kein Platz würde besser zu der Schauspielerin passen, die Ende des 19. Jh. für ihr subtiles Spiel leidender, aber charakterstarker Frauenfiguren weltberühmt wurde.

PALAZZO BERRI-MEREGALLI E5

Vorbei an der Piazza Duse 2 geht es rechts in die Via Cossa und dann in die **Via Cappuccini**, wo früher ein Kapuzinerkloster stand. Das gigantische Eckhaus von 1914 (Via Capuccini 8) entwarf der Architekt **Giulio Ulisse Arata**, der hier seinem eklektischen Drang freien Lauf ließ. Der Palazzo Berri-Meregalli erinnert mit seinen dunkelgrauen Steinquadern und ro-

In der Villa Necchi Campiglio fehlt es an nichts, was man in den 1930er-Jahren
kaufen konnte. Wie gut, dass der Hausherr auch noch Geschmack hatte.

tem Backstein an eine mittelalterliche Trutzburg, hat aber auch
sehr verspielte Details, wie die schmiedeeisernen Fensterbe-
schläge und die aus dem Stein herausgemeißelten Figuren am
oberen Stockwerk, die geschwungenen Linien folgen.

VILLA NECCHI CAMPIGLIO E5

Ein kleines Stück zurück und nach links in die Via Mozart
führt der Weg in einen versteckten Teil der Stadt, der vor
200 Jahren noch unbebaut war. Hier standen keine Villen wie
heute, hier wurden Obst und Gemüse angebaut. Erst ab 1926
wurde das Areal auf der Basis eines Bebauungsplanes des Architekten Aldo Andreani erschlossen. Bei der Hausnummer 14
wartet hinter hohen Mauern ein echtes architektonisches Juwel: die Villa Necchi Campiglio, erbaut im rationalistischen
Stil der 1930er-Jahre. Sie weist im Äußeren wie im Innern auch
dekorative Art-déco-Elemente auf und kann vom Dachge-
schoss über das Badezimmer bis zum Garten mit Swimming-
pool besichtigt werden Und eine stilvollere Kulisse für einen
Cappuccino oder Espresso als das zauberhafte Café im Garten
des Anwesens gibt es kaum.

Wegen seiner skurril gestalteten Gegensprechanlage wird das Haus in der Via Serbelloni 10 auch »Ca' de l'Oreggia«, Haus des Ohres, genannt.

PALAZZO FIDIA E5

Gegenüber der Villa Necchi Campiglio bei Hausnummer 11 (der Haupteingang ist in der Via Luigi Melegari 2) wartet die nächste Überraschung, der zwischen 1929 und 1932 von Aldo Andreani erbaute Palazzo Fidia – neun Stockwerke hoch und damit sozusagen das erste Hochhaus Mailands. Mit all seinen Erkern und Türmchen, Nischen und Bögen wirkt es trotz seiner Massivität harmonisch und modern. Italiens großer Filmemacher **Michelangelo Antonioni** drehte 1950 eine Schlüsselszene seines ersten Kurzfilms mit der Fassade des Palazzo Fidia im Hintergrund.

Von der Via Melegari geht es rechts in die Via Maffei und dann in die Via Serbelloni. Bei der Hausnummer 10 findet man das überdimensionale **bronzene Ohr** der Gegensprechanlage. Es ist ein Werk von Adolfo Wildt. 1868 in Mailand geboren, war Wildt ein Bildhauer, der vom Jugendstil und vom Symbolismus beeinflusst war und an der Schwelle zum Expressionismus stand. Er hat an der heute noch existenten Akademie der schönen Künste in Brera studiert.

PALAZZO SERBELLONI E5

Zurück an der Kreuzung, geht es rechts wieder die Via Mozart entlang. An der Ecke zur Via San Damiano steht rechts ein imposantes Gebäude klassizistischen Stils, der Palazzo Serbelloni. Der Eingang liegt dem Corso Porta Venezia zugewandt, Hausnummer 16. Die Fassade gestaltete **Simone Cantoni** in den späten 1770er-Jahren. Bauherr war Gabrio Serbelloni, ein Ästhet und Edelmann aus einflussreicher Mailänder Familie. Sein Sohn Gian Galeazzo war eine politische Schlüsselfigur im Mailand unter österreichischer Herrschaft. Beflügelt von revolutionären Ideen empfing er 1796 Napoleon im Festsaal des vornehmen Palazzo und schnitt sich in aller Öffentlichkeit den Haarzopf ab, der ihn als Mitglied des Adelsstandes auszeichnete. Für Mailands Aristokratie war das ein handfester Skandal.

Architektonisch gesehen war das ausgehende 18. Jh. in Mailand eine Epoche des Wandels. Mehr Komfort und modernes Design waren gefragt. Modern war damals der klassizistische Stil, der sich auf die griechische Klassik besann und mit den Exzessen von Barock und Rokoko brach. Der Salon des Palazzo Serbelloni war jahrzehntelang mondäner **Treffpunkt von Dichtern und Denkern**. Hier diskutierten die italienischen Vertreter der Aufklärung über die Schriften von Voltaire, Montesquieu und Rousseau, allen voran die Brüder Pietro und Alessandro Verri. Hier scherzten und lachten sie mit der Hausherrin, der lebenslustigen und gescheiten Herzogin Vittoria Serbelloni. Ihr um einige Jahre älterer Ehemann beklagte sich häufig über das nächtliche Stimmengewirr, das ihm den Schlaf raubte.

Die adligen Klassen wetteiferten mit dem aufsteigenden Großbürgertum und gaben die Neugestaltung ihrer Residenzen in Auftrag, die vielfach in einem beklagenswerten Zustand waren.

CORSO VENEZIA E5

Kurz geht es über den Corso Venezia Richtung Dom. Diese Verkehrsader war früher eine Prachtstraße, auf der die Kutschen der adligen Familien rollten. Heute ziehen die Schaufenster der **Edelboutiquen** die Blicke auf sich. Bei der Haus-

Diese Frauenskulpturen am Corso Venezia (s. S. 197) sorgten vor gut 100 Jahren
für einen handfesten Eklat und wurden in die Vorstadt verbannt.

nummer 47 steht ein prächtiger Palazzo im Jugendstil, der ein
Jahrhundert früher trendy und skandalträchtig war. Bauherr
war **Ermenegildo Castiglioni**, ein Kaufmann mit Sympathien
(und Geld) für die revolutionären Ideen von **Giuseppe Mazzi-
ni**, der die Untergrundgruppe »Giovine Italia« anführte, um
einen vereinigten italienischen Nationalstaat zu schaffen. Den
Bauauftrag erhielt der Architekt Giuseppe Sommaruga. Um
die Mailänder Aristokratie zu brüskieren, ließ Castiglioni an
der Fassade seines Palazzo die Skulpturen zweier üppiger Frauengestalten (Werke des Bildhauers Ernesto Bazzaro) anbrin-
gen. Üppig waren vor allem die Rückseiten der Damen, wes-
halb der Palazzo den Spitznamen »**Ca' di ciapp**« (Haus der
Pobacken) erhielt. Doch das ging den Mailänder Autoritäten
zu weit, die Skulpturen mussten durch unschuldige Blumen-
ranken ersetzt werden. Sommaruga hat sie ein paar Jahre später an einer Villa außerhalb des Zentrums (Villa Faccanoni,
Via Buonarroti 48) angebracht, was keinen mehr interessierte.

AUSFLUG
Mit dem Fahrrad zur Kartause von Pavia

Reis, Ruhe und Gebete – bei diesem Ausflug Richtung Süden geht es durch die Reisfelder der Lomellina zu einer majestätischen Klosteranlage.

Start/Ziel: Darsena (Leihräderstation, wer weiter bis zum Städtchen Pavia radelt, kann von dort den Zug zurück nach Mailand nehmen) **Dauer:** Tagesausflug **Einkehrtipp:** Locanda Vecchia Pavia al Mulino (Gourmetrestaurant, lombardische Küche), Via al Monumento 5, Certosa di Pavia, Di–Sa 12.30–14.30, 19.30–22.30, So 12.30–14.30 Uhr, Tel. 0382/92 58 94, www.vecchiapaviaalmulino.it, €€€ **Info:** www.paviaturismo.it

Vom antiken Hafenbecken Darsena aus geht es immer entlang des **Naviglio Pavese**, der sein Ziel, das muntere Universitätsstädtchen Pavia 30 km südlich von Mailand, bereits im Namen trägt. Bald hört die Stadt auf, und rechts und links des Kanals breiten sich **Reisfelder** aus, Vögel zwitschern, und der nicht asphaltierte Radweg knirscht unter den Reifen. Früher war das Gebiet malariaverseuchtes Sumpfland, heute wird es landwirtschaftlich genutzt. Italien ist Europas führender Reisproduzent, die nach einem Mailänder Agrarwissenschaftler benannte Sorte Carnaroli gilt als bestes Ausgangsprodukt für Risotto.

KARTAUSE VON PAVIA

Es war Mailands Herzog Gian Galeazzo Visconti, der im 14. Jh. Pavia zur Universitätsstadt machte und eines der wichtigsten Baudenkmäler Oberitaliens, die Kartause von Pavia, bauen ließ. Um das imposante Kartäuserkloster errichten zu können, mussten Drainagen geschaffen und Land trockengelegt werden. Fast zwei Jahrhunderte dauerte es, bis die weitläufige Anlage fertig war. An der blendend weißen Renaissancefassade der Klosterkirche haben alle großen lombardischen Künstler der Epoche mitgearbeitet, auch die, die am Bau des Mailänder

Doms beteiligt waren. Der Innenraum ist farbenfroh dekoriert und kommt am späten Vormittag, wenn die Sonne bereits hoch steht, besonders gut zur Geltung. Im südlichen Querschiff der Kirche ist **Gian Galeazzo Visconti** begraben.

Der Kirche angegliedert sind ein kleiner und ein großer **Kreuzgang**. Der kleine Kreuzgang bezaubert mit einem sehr hübschen italienischen Garten. Um den großen Kreuzgang herum liegen 23 Mönchszellen, identische Häuschen, jedes mit Zugang zu einem eigenen Garten. Während der Führung kann man einzelne von ihnen besichtigen. Die Kartäuser, die hier ursprünglich in strenger Klausur lebten, gibt es in Italien nicht mehr. So führen heute täglich außer montags Zisterzienser die Besucher herum. Besonders aktiv am Klosterleben beteiligen sich einige Mönche aus Afrika, ohne die der Orden ernsthafte Nachfolgeprobleme hätte. Im Klostershop gibt es getrocknete Kräuter, Seifen und Selbstgebranntes.

Kartause von Pavia | www.certosadipavia.com | tgl. außer Mo 9–11 und 14.30–16.30 Uhr | anstelle von Eintritt wird eine Spende erwartet

PAVIA

Wer noch Kraft in den Beinen hat, radelt auf dem Fahrradweg weiter nach Süden, erst entlang des Kanals, dann auf der SP 35 bis zur Universitätsstadt Pavia. In vorrömischer Zeit war Pavia eine größere Siedlung, dann römische Garnison, Zitadelle und später Hauptstadt des Langobardenreichs. Bereits in den ersten Jahrhunderten nach Christus war Pavia eine bedeutsame Stadt, damals war Mailand kaum mehr als ein Dorf im Sumpf.

1894 lebte der fünfzehnjährige Albert Einstein mit seiner Familie für etwa ein Jahr in Pavia.

Als **Karl der Große** 773 auf seinem Feldzug gegen die Langobarden die Alpen überquerte, belagerte er die Stadt und ließ sich nach ihrer Kapitulation zum König der Franken und Langobarden krönen. Die Kirche, in der die Krönungszeremonie stattfand, brannte zum großen Teil nieder. Nur ihre Sandsteinfassade mit einigen leider nur noch schwer zu erkennenden Fabelwesen blieb teilweise erhalten.

Die Pracht der Kartause von Pavia (s. S. 199) geht nicht auf die besitzlose Lebensweise der Mönche, sondern auf den Geltungsdrang ihres Finanziers zurück.

Die dann im lombardisch-romanischen Stil wieder aufgebaute **Basilika San Michele Maggiore** ist die schönste und älteste Kirche der Stadt. Sie liegt linker Hand, wenn man von Süden kommend in die Stadt einfährt. Der **Strada Nuova** folgend, liegt links das lang gezogene ockerfarbene Universitätsgebäude. Die frei zugänglichen Innenhöfe haben schöne **Portici** und sind mit Büsten von Gelehrten geschmückt. Von der Strada Nuova geht es nach rechts auf die belebte **Piazza Vittoria** mit dem **Broletto**, im Mittelalter Sitz der Gemeindeverwaltung. Deutlich ruhiger zeigt sich der **Domplatz** dahinter. Die Kuppel des Doms ist achteckig und Italiens drittgrößte. Der Glockenturm stürzte 1989 ein und begrub vier Menschen.

Wenn man auf die Strada Nuova zurückkehrt und ihrem Verlauf folgt, kommt man an den Fluss Ticino mit seiner **Ponte coperto**. Diese überdachte Brücke ist eine Rekonstruktion einer Brücke aus der Mitte des 14. Jh., die im Zweiten Weltkrieg zerstört wurde. Besonders bei Einbruch der Dämmerung ist es hier sehr stimmungsvoll. Und auf der gegenüberliegenden Seite entfaltet der **Borgo**, wo früher die Handwerker und Zimmerleute ihre Werkstätten hatten, seinen ganz besonderen Charme. Hier gibt es auch viele gute Osterien.

Auf der malerischen Isola San Giulio im Lago d'Orta findet im Sommer das bekannte Festival Cusiano di Musica Antica statt.

AUSFLUG
Lago d'Orta, der See für Kenner

Seine versteckte Lage hinter hohen Hügelketten westlich des Lago Maggiore macht diesen 13 km langen See 80 km nordwestlich von Mailand zu einem echten Geheimtipp.

Start/Ziel: Über die A8 Richtung Varese, dann A28 Richtung Gravellona, Ausfahrt Gravellona-Toce, auf die Strada Statale (SS) 34 und Strada provinciale (SP) 229 nach Omegna und entlang des Sees **Dauer:** Tagesausflug **Einkehrtipp:** Enoteca al Boeuc, Via Bersani 28, Orta San Giulio, Tel. 0339/5 84 00 39, www.alboeuc.beepworld.it, Mi–Mo 11–15.30, 18.30–1 Uhr **Info:** www.lagodortaturismo.it, www.orta.net

Die oberitalienischen Seen sind Lieblingsziele der Mailänder, wenn es um einen Tagesausflug geht: Ob zum Wandern, Flanieren oder gut Essen – jeder See ist speziell und hat sein Zielpublikum. Auch Konzerte und Ausstellungen in einer der vielen Prachtvillen an den Seen sind eine willkommene Abwechslung zum Großstadtleben. Nur eines kommt für die meisten nicht in Frage: im See zu baden. Igitt, zum Baden fährt man doch ans Meer!

OMEGNA

Wer keinen deutschen Filterkaffee trinken will, wie er am Gardasee immer noch angeboten wird, und auch nicht George Clooney am Comer See auflauern möchte, sondern einfach ein ursprüngliches Stück Italien kennenlernen möchte, fährt an den Orta-See. Bewohnt ist nur das Ostufer, wo Dörfer wie kleine Tupfen in die üppige Vegetation gesetzt scheinen. Omegna, der Hauptort an der Nordspitze, ist ein Zentrum für die Produktion von Haushaltsgeräten. Das malerische **Orta San Giulio** liegt wie hingegossen auf einer Halbinsel, die in den See hineinragt. Zu sehen gibt es hier wunderschöne alte Patrizierhäuser. Kurz vor dem Ortseingang ist auch eine offizielle Badezone mit Wiesen, Bäumen und einer schicken Strandbar.

Nahe dem Hauptplatz Piazza Motta befindet sich die **Enoteca al Boeuc** etwas versteckt in einer Gasse. Dieses urige Weinlokal ist der Renner bei den Einheimischen. Man kommt auf ein Glas Roten, isst eine Kleinigkeit, schwatzt. Eine Speisekarte gibt es nicht, aber mit einer Schinken- und einer Käseplatte plus ein paar Bruschette liegt man genau richtig. Den passenden Wein empfiehlt der Besitzer, oder man sucht ihn sich drinnen im Regal aus. Hier mag man gar nicht mehr weggehen.

FORUM OMEGNA

In einer umgebauten Fabrikhalle lässt sich seit 1998 die Entwicklung von italienischen Küchengeräten und ihrem Design verfolgen. Firmengeschichten und Werbekampagnen werden auf anschauliche Weise mit Beispielen erklärt. Auch ein paar Prototypen sind ausgestellt, darunter Küchenroboter und die typisch italienischen Espressokocher. Außerdem gibt es Wechselausstellungen, die einzelnen Designern, Firmen oder Geräten gewidmet sind.

Parco Maulini 1, Omegna | Tel. 0323/86 61 41 | www.forumomegna.org | Eintritt 2 €, erm. 1 €

AUSFLUG

Die Geigenstadt Cremona

Angefangen hat alles mit dem weltberühmten Geigenbau-meister Antonio Stradivari. Der kam Mitte des 17. Jh. in Cremona zur Welt und hatte hier seine Werkstatt.

Start/Ziel: Mit dem Zug von Milano Centrale oder per Auto über die A 21 erst Richtung Brescia, dann Richtung Cremona bis zur Ausfahrt Cremona. **Dauer:** Tagesausflug **Einkehrtipp:** Hosteria 700, Piazza Alessandro Gallina 1, Tel. 0372/3 61 75, www.hosteria700.it, Mo abends und Di geschl., €€€ **Info:** www.turismo.comune.cremona.it

MEISTER UND SCHÜLER

Geigen von **Antonio Stradivari** sind im Durchschnitt 300 Jahre alt und gelten als die weltweit besten. Ihr Spiel ist lebhaft, der Ton flackert auf den Instrumenten wie Kerzenlicht, verzaubert Ohren und Seelen. Dank der **Internationalen Geigenbauschule** lebt die Tradition fort, und in der Via Robolotti reiht sich eine Geigenbauwerkstatt an die andere. Einige bieten auch Führungen auf Englisch oder Deutsch an, in denen die Bauweise à la Stradivari erklärt wird.

ZWEITHÖCHSTER GLOCKENTURM ITALIENS

Wenn der Nebel aus den Feldern der Poebene in die Gassen drängt, lässt sich die imposante Marmorfassade des Doms auf dem Hauptplatz der Stadt nur erahnen. Ursprünglich im romanischen Stil gebaut, mit einer wunderschönen Fensterrose aus dem 13. Jh., erkennt man im oberen Teil Elemente aus der frühen Renaissance: Nischen und Voluten. Der **Torrazzo**, der Glockenturm, ist mit 112 m der zweithöchste Italiens. Man kann ihn besteigen und hat von oben einen schönen Ausblick über die Ziegeldächer der Stadt und die weite Ebene des Flusses Po. Auch die **Taufkirche** lohnt einen Blick. Das achteckige Gebäude mit einem Durchmesser von ca. 20 m wurde 1167

Vom Turm der Kathedrale, dem Torrazzo, blickt man auf Cremonas Altstadt. Seiner Höhe in Metern, 112, entspricht annähernd seine Bauzeit in Jahren.

begonnen. Damals verwendete man roten Backstein. Später wurde ein Teil der Außenwände mit weißem Marmor verkleidet. Die verschiedenen Materialien bilden heute einen interessanten farblichen Kontrast.

Schräg zu dem Komplex aus Dom, Glockenturm und Taufkirche liegt der **Palazzo Comunale**, das Rathaus von Cremona. Im ersten Stock ist das **Geigenmuseum** untergebracht, wo einige der berühmtesten und teuersten Geigen der Welt hinter Glas zu bewundern sind. Zum Beispiel die nach König Karl IX. von Frankreich benannte »Carlo Nono«.

KAFFEEHAUSKULTUR UND NASCHWERK

Geigen sind in Cremona überall zu hören, auch im hübschen **Café Ebbli** (Via Felice Cavalotti 5), und nichts passt besser zu den vergoldeten Spiegeln und Fin-de-Siècle-Möbeln. In der **Pasticceria Lanfranchi** (Via Solferino 30) gibt es raffiniertes Naschwerk, darunter Cremonas Spezialität **Torrone**. Die zuckersüße Masse aus Ei, Mandeln, Honig und Nüssen wurde der Legende nach zum Hochzeitsfest von Bianca Maria Visconti und Francesco Sforza am 25. Oktober 1441 in Mailand erfunden und hat seitdem Kultstatus. Um dieses Datum herum feiert Cremona jedes Jahr das Torrone-Fest.

Die Eingangshalle des Mailänder Hauptbahnhofs Stazione Centrale (s. S. 117) ist ebenso imposant wie gigantisch in ihren Ausmaßen.

WISSENSWERTES

SERVICE

Anreise und Ankunft
Mit dem Auto
Italienische Autobahnen sind mautpflichtig. Vom Brenner bis nach Mailand kostet die Maut für einen Mittelklassewagen ca. 40 €. Von Chiasso/ Como kommend zahlt man bis Mailand ca. 8 €. Praktisch sind die Zahlstationen mit Kreditkarte (Schild CARTE).

Mit der Bahn
Züge aus dem Ausland kommen am Mailänder Hauptbahnhof an. Der Shuttlezug vom Flughafen Malpensa hält in Cadorna, von wo man bequem mit der Metro weiterfahren kann.

Mit dem Flugzeug
Mailand hat drei Flughäfen. **Linate** (Tel. 02/23 23 23, www.milano-linate-airport. com) liegt nur 7 km vom Zentrum entfernt. In die Stadt gelangt man per Linien- oder Shuttlebus.
Malpensa (Tel. 02/23 23 23, www.milanomalpensa-airport. com), 40 km nordwestlich, ist durch den Malpensa Express (www.malpensaexpress.it)

und zwei Shuttlebuslinien mit dem Zentrum verbunden (Fahrzeit 50–60 Min.)
Orio al Serio (Tel. 035/32 63 23, www.sacbo.it) ist Italiens wichtigster Flughafen für Billigflüge und liegt ca. 50 km nördlich von Mailand. Drei Autobuslinien verbinden den Flughafen mit dem Mailänder Hauptbahnhof. Die Fahrzeit beträgt 60–90 Min.

Auskunft
Italienische Tourismusagentur
www.italia.it

Buchtipps
Carlo Emilio Gadda: Adalgisa, Wagenbach, 1989. Die schöne Adalgisa stammt aus bescheidenen Verhältnissen und sucht ihr Glück im Mailand der 1930er-Jahre. Sie schafft den gesellschaftlichen Aufstieg, aber schaut doch mit Zorn zurück auf ihr Leben.

Titus Hydenreich/Thomas Bremer: Mailand, Stauffenberg Verlag 2012. Heft Nr. 54 des »Zibaldone, Zeitschrift für italienische Kultur der

Gegenwart«. Verschiedene Autoren beleuchten hier Italiens zweitgrößte Stadt, und zwar politisch, wirtschaftlich und kulturell.

Henning Klüver: Gebrauchsanweisung für Mailand, Piper Verlag 2014. Der Wahlmailänder erklärt, wie seine Stadt tickt. Fakten und Geschichten, persönliche Beobachtungen und witzige Anekdoten zur speziellen Lebensart der Mailänder.

Alessandro Manzoni: Die Brautleute, dtv 2003. Die Geschichte von Renzo und Lucia, die erst nach vielen Intrigen heiraten können, spielt im Mailand des 17. Jh., in dem auch die Pest wütete. Manzonis Meisterwerk von 1840 ist in der Übersetzung von Burkhart Kroeber ein Genuss.

Giorgio Scerbanenco: Das Mädchen aus Mailand u. a., Folio Verlag 2019. Die Kultkrimis des Mailänder Altmeisters aus den 1960er-Jahren und wurden 2019 neu auf Deutsch herausgegeben. Der ehemalige Arzt Lamberti führt seine Leserschaft in verschiedene Milieus und in die Abgründe der Metropole.

Diplomatische Vertretungen

Deutsches Konsulat D4
Via Solferino 40 | Metro: Moscova | Tel. 02/62 31 10, Notdienst: 335/ 7 90 41 70 | www.mailand.diplo.de

Österreichisches Konsulat D5
Piazza del Liberty 8 | Tel. 02/78 37 43 | Metro: San Babila oder Duomo | www.bmeia.gv.at/botschaft/ gk-mailand

Schweizer Konsulat E4
Via Palestro 2 | Tel. 02/7 77 91 61 | Metro: Palestro | www.botschaft-konsulat.com/ch/vertretung/7940/ Schweiz-in-Mailand

Feiertage
1. Jan. Primo dell'Anno (Neujahr)
6. Jan. Epifania (Dreikönigstag)
Lunedì di Pasqua (Ostermontag)
25. April Festa della Liberazione (Tag der Befreiung)
1. Mai Festa del Lavoro (Tag der Arbeit)
2. Juni Festa della Repubblica (Fest der Republik)
15. Aug. Ferragosto (Mariä Himmelfahrt)

1. Nov. Ognissanti (Aller-
heiligen)
7. Dez. St. Ambrogio (Hlg.
Ambrosius)
8. Dez. Immacolata Conce-
zione (Mariä Empfängnis)
25. Dez. Natale (1. Weihnachtstag)
26. Dez. Santo Stefano
(2. Weihnachtstag)

Links und Apps
Links
www.mailand.com
Das Wichtigste im Überblick:
Sehenswürdigkeiten, Restaurants, Unterkunft, Ausflüge
und Aktuelles über Fußball
(auf Deutsch).
www.turismo.milano.it
Die offizielle Fremdenver-
kehrsseite informiert über Sehenswürdigkeiten, Hotels,
Restaurants.
www.milano24ore.de
Informationen zu Sehens-
würdigkeiten sowie aktuelle
News, auch über Sommer-
oder Winterschlussverkauf.
www.vivimilano.corriere.it
Viele Ausgehtipps und in der
Shoppingsparte eine kom-
plette Liste der Outlets in und
um Mailand (nur auf Italienisch).
info.openwifimilano.it
Alles über Mailands Free
WiFi Netz. Hier gibt es An-
weisungen zum kostenlosen
Einloggen. Anhand des Stadt-
plans sieht man, wo die Hot-
spots schon aktiviert sind.
Auch auf Englisch.

Apps
Mailand Reiseführer
U-Bahn-Netz und öffentliche
Verkehrsmittel, Straßenkar-
ten, Tourentipps.
BikeMi
Alles rund um Bikesharing
mit nächstgelegener Station.
City1Tap
Laufende und kommende
Veranstaltungen. Dazu Restaurants, Bars, Geschäfte, Bikesharing, ÖPNV und Taxi.
Besonders nützlich ist die direkte telefonische Weiterlei-
tung. Nur auf Italienisch.
GuidaMilano
13 Stadttouren durch die se-
henswertesten Viertel und zu
wichtigen Bauten und Muse-
en. Nur für Android.
Milano Eventi
Empfehlenswert, weil man
die Suche sowohl nach Themen als auch nach Entfer-
nung vom Standort sortieren
kann. Nur auf Italienisch.
MilanoMusei
Alles über Mailands Museen,
samt Adressen, Öffnungszei-

ten, ÖPNV und Eintritt. Die wichtigsten Kunstwerke des jeweiligen Museums werden kurz beschrieben. Auch mit Audiodatei und Videos. Auch auf Deutsch.

Medizinische Versorgung

Krankenhäuser und Arztpraxen akzeptieren die europäische Krankenversicherungskarte. Reisekrankenversicherungen übernehmen je nach Konditionen auch Kosten, die nicht zur Grundversorgung gehören, sowie u. U. den Rücktransport des Erkrankten ins Heimatland.

Milanocard

Diese Karte ist exklusiv für Besucher und verhilft in mehr als 20 Museen zu ermäßigtem Eintritt. Der komplette Nahverkehr ist kostenlos, und es lohnt sich, die Karte auch in Restaurants und Geschäften vorzuzeigen, um Rabatte zu bekommen. Es gibt sie für 24 Std. (11 €), 2 (17 €) oder 3 Tage (19,50 €). Die Karte ist nicht übertragbar. Man kann sie im Internet oder vor Ort an den Metrostationen kaufen. Für Kinder unter 10 Jahren gratis.
www.milanocard.it

Notruf

Euronotruf 112 (Polizei, Feuerwehr Rettungswagen)

Reisedokumente

Deutsche, Österreicher und Schweizer können mit Reisepass oder auch nur mit Personalausweis einreisen.

Reiseknigge

Ob im Nobelrestaurant oder in der Pizzeria: Warten Sie im Eingangsbereich und fragen Sie den Kellner nach einem Tisch. Rauchen ist in allen öffentlichen Räumen und auf dem Bahnsteig verboten. Manche Restaurants bieten abgetrennte Raucherbereiche. Kostenloses WLAN ist fast überall selbstverständlich.

Strom

Die Netzspannung beträgt 220 Volt. Die deutschen Schukostecker passen nicht in die italienischen Flach-

URLAUBSKASSE (am Tresen)	
1 Espresso	2,50–6 (1,20–1,50) €
1 Croissant	2,50–3 (1,50–2,50) €
1 Bier	4–6 (2,50–3) €
1 Glas Wein	4–9 (2–5) €
1 Glas Cola	4–5 (3–4) €

steckdosen, deswegen sollte man einen Adapter mitnehmen.

Telefon
Vorwahlen
D, A, CH ▶ Italien 0039
Italien ▶ Deutschland 0049
Italien ▶ Österreich 0043
Italien ▶ Schweiz 0041
Mailand 02
In Italien muss die Ortsvorwahl immer dazugewählt werden. Italienische Mobiltelefonnummern haben keine 0 vor der Rufnummer.

Verkehr
ÖPNV
Die Mailänder Metro ist das meistgenutzte Transportmittel und funktioniert zuverlässig. Busse und Straßenbahnen bleiben leider häufig im Stau stecken. Praktisch: Viele Haltestellen haben elektronische Anzeigetafeln, die verkünden, wie lange es noch dauert. Tickets kann man an Metrostationen oder online unter www.atm-mi.it kaufen.

Auto
Das Auto lässt man am besten auf dem Hotelparkplatz stehen oder an preisgünstigen Park & Ride Stationen, von wo aus man per Metro in die Stadt fährt. Die Area B verbietet Dieselfahrzeugen der Euroklassen 0–3 die Zufahrt. Die Area C (das Zentrum) ist für alle anderen Autos kostenpflichtig. Tickets (5 € pro Tag) kauft man online (areac. atm-mi.it) vor oder nach Einfahrt in den Innenstadtbereich. Schilder mit der Aufschrift AREA C stehen dort, wo es in den kostenpflichtigen Teil der Stadt geht. Parkhäuser im Stadtzentrum findet man unter www.tuttocitta. it/parcheggi/milano.

Taxi
Die Mailänder Taxis sind weiß und haben ein Schild auf dem Dach. Sie per Hand auf der Straße anzuhalten ist nicht üblich. Man geht zum Taxistand oder ruft die Zentrale an. Zu den Fashionshows oder der Möbelmesse herrschen Engpässe. Reservieren Sie Ihre Fahrt zum Flughafen besser schon 24 Std. vorher.
Taxiruf: 02/85 85, 02/69 69 oder 02/40 40

Zoll
www.italia.it/de/nuetzliche-infos/charta-der-touristenrechte/zollbestimmungen.html

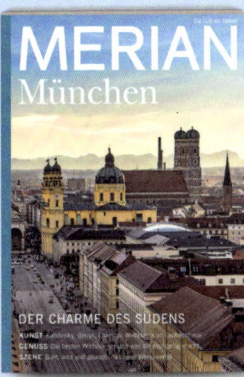
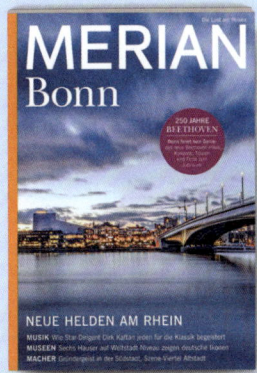

Rete metropolitana e tratte ferroviarie urbane

Linee ferroviarie suburbane
Suburban railways

S1	Saronno - Milano Passante* - Lodi
S2	Mariano Comense - M. Passante* - Milano Rogoredo
S3	Saronno - Milano Cadorna
S4	Camnago Lentate - Seveso - Milano Cadorna
S5	Varese - Milano Passante* - Treviglio
S6	Novara - Milano Passante* - Treviglio
S7	Lecco - Molteno - Milano P.ta Garibaldi
S8	Lecco - Carnate - Milano P.ta Garibaldi
S9	Saronno - Milano S. Cristoforo - Albairate
S11	Chiasso - Como S. Giovanni - Milano P.ta Garibaldi
S12	Melegnano - Milano Passante* - Milano Bovisa
S13	Milano Bovisa - Milano Passante* - Pavia

*Stazioni/Stations:
Lancetti - P. Garibaldi - Repubblica - P. Venezia - Dateo - P. Vittoria

Legenda/Legend

M1	**Metropolitana linea 1** Underground line 1
M2	**Metropolitana linea 2** Underground line 2
M3	**Metropolitana linea 3** Underground line 3
M5	**Metropolitana linea 5** Underground line 5
H	**Metro automatico per Ospedale S. Raffaele** Automatic train to S. Raffaele Hospital
S	**Linee ferroviarie suburbane** Suburban railways
R	**Linee ferroviarie regionali** Regional railways
	Stazione accessibile Accessible station
i	**ATM Point: informazioni e punto vendita** ATM Point: Information and retail
	Bus 73 per Aeroporto di Linate Bus 73 to Linate Airport
	Autobus per Malpensa, Linate, Orio al Serio Bus connection to Malpensa, Linate, Orio al Serio airport
	Treno per Malpensa Train to Malpensa airport
	Interscambio con rete ferroviaria Interchange with railway system
	Bus Terminal Bus Terminal
P+R	**Parcheggio ATM di corrispondenza** ATM interchange parking areas

SARONNO

S3
S1

COMASINA

M3

Limite Tariffa Urbana
Urban Fare Limit

QUARTO OGGIARO

AFFORI FN

BOVISA
POLITECNICO

S12 S13

VARESE S5

RHO Fieramilano

M1

NOVARA S6 RHO

CERTOSA VILLAPIZZONE LANCE

PERO

Limite Tariffa Urbana
Urban Fare Limit

GERUSA-
LEMME CENIS

MOLINO DORINO

S. LEONARDO

DOMODOSSOLA FN

BONOLA

TRE TORRI

URUGUAY

PORTELLO

LAMPUGNANO

QT8

LOTTO - fieramilanocity

M5

SAN SIRO
Stadio

SAN SIRO
Ippodromo

SEGESTA

AMENDOLA
fieramilanocity

CON

BUONARROTI

PAGANO

WAGNER

CADORNA TR

DE ANGELI

GAMBARA

S

BANDE NERE

PRIMATICCIO

S. CRISTOFORO

INGANNI

ALBAIRATE S9

Limite Ta
Urban Fa

BISCEGLIE M1

ASSAG
Milanofiori Forum Nor

ASSAGO
Milanofiori Forum M2

Underground network and urban railway system

1000 v. Chr.

Kelten aus dem Norden verdrängen etruskische und ligurische Stämme und gründen in den Wäldern und Sümpfen der Poebene **Midland**.

313

Der römische **Kaiser Konstantin** verkündet in Mailand die Religionsfreiheit und beendet damit insbesondere die Christenverfolgung.

Die Römer erobern Midland, bringen neue Gesetze und verbreiten ihre Schrift und Literatur.

222 v. Chr.

373

Ambrosius, der als römischer Präfekt nach Mailand gekommen war, wird zum Bischof gewählt. Er verfestigt mit seinen Schriften die kirchliche Doktrin.
→ S. 74

453

Attilas **Hunnen** plündern Mailand. Auf sie folgen Angriffe der **Heruler** unter Odoaker und der **Goten**.

Mailand wird Hauptstadt des Weströmischen Reiches.

Die **Ostgoten** belagern und zerstören Mailand.

395

539

568

Die **Langobarden** erobern Mailand, wählen aber das südlich gelegene Pavia zur Hauptstadt.

1167

Die Städte der Lombardei schließen einen Bund gegen den römisch-deutschen Kaiser Friedrich I. Barbarossa. In der **Schlacht von Legnano** schlagen sie die kaiserlichen Truppen.

Mailand fällt unter die Herrschaft des Frankenkönigs Karls des Großen. Die Einwohner erhalten ihre Bürgerrechte zurück, ein wirtschaftlicher Aufschwung beginnt.

774

1386

Gian Galeazzo Visconti legt den Grundstein für den Bau des **Mailänder Doms**. Fertiggestellt wird das Gotteshaus erst in den 1890er-Jahren.
→ S. 64

1630

Mailand erlebt seine verheerendste **Pestwelle**. Mehr als die Hälfte der Bevölkerung stirbt an der Seuche.

Leonardo da Vinci kommt an den Mailänder Hof. Er verbessert das Kanalsystem der Navigli und malt u. a. sein Meisterwerk: das Wandfresko des »Letzten Abendmahls«. → S. 183

1482

1760

Unter der Herrschaft der Habsburger wird in Mailand das erste **Grundsteuerkataster** Europas eingeführt.

1842

Verdis »Nabucco« wird an der Scala uraufgeführt. Das Klagelied der Juden interpretieren die Mailänder als Ruf nach einem Ende der Fremdherrschaft und einem geeinten Italien.

Napoleon besiegt die Österreicher und zieht mit seinen Truppen triumphal durch das Stadttor Porta Romana in die Stadt. → S. 132

1796

1919

Benito Mussolini gründet in Mailand die faschistische Bewegung, die 1922 die Macht an sich reißt.

1992

Die Ermittlungen »**Mani pulite**« (saubere Hände) der Mailänder Staatsanwälte bringen das Parteiensystem zum Einsturz. → S. 20

In einem Bankgebäude an der Piazza Fontana detoniert eine **Bombe**. Sie tötet 16 Menschen und verletzt 88.

1969

2011

Silvio Berlusconi tritt als
Ministerpräsident zu-
rück. Er regierte Italien
mit Unterbrechungen
fast 20 Jahre lang.

2020

Die Lombardei zählt
zu den am schlimms-
ten von Covid-19
heimgesuchten Re-
gionen Europas.

Von Mai bis Oktober findet
die **Expo-Weltausstellung**
in Mailand statt. → S. 94

2015

BILDNACHWEIS

Titelbild (Piazza del Duomo), mauritius images: CuboImages

F1online 189 | f1online: Simon Laurence 224 | gemeinfrei 19, 184–185, 217 | Getty Images 87 | Getty Images: DeAgostini 36, ilbusca 60–61, iStockphoto/Peeter Viisimaa 169, Jacopo Raule 83, Stefano Guidi 221, The Image Bank Unreleased 9 | GlowImages: De Simone Lorenzo/AGF 11 | Kirstin Hausen: 5 | HUBER IMAGES: Stefano Amantini 47, M. Carassale 187, Daniele Coppa 190, Guido Cozzi 79, Gabriele Croppi 31, 32, Sandra Raccanello 70, Massimo Ripani 80 | laif: Dominik Asbach 103, Alberto Bernasconi 112, hemis/Ludovic Maisant 206–207, hemis/Rene Mattes 67, robertharding/Alexandre Rotenberg Klappe hinten, Annette Schreyer 23 | Look: Aurora-foto 111 | mauritius images: Alamy 202, Alamy/HelloWorld Images 175, Alamy/MARKA 162, Alamy/PJPHOTO 27, Alamy/Alexandre Rotenberg 117, 145, Alamy/Riccardo Sala 124, Alamy/Michal Sikorski 51, CuboImages 122, 131, 141, 157, 159, United Archives/De Agostini 73 | plainpicture: AWL /Christian Kober 13, DEEPOL/A. Tamboly 6–7 | Schapowalow: SIME/Sandra Raccanello 91 | seasons.agency: GourmetPictureGuide 129, 219 | shutterstock.com: Ioan Florin Cnejevici 53, Alfio Finocchiaro 192–193, Alexandre Rotenberg 49, 115, 198, Anton_Ivanov 165, Casimiro PT 109, CatwalkPhotos 44, Jan Cattaneo 133, Claudio Giovanni Colombo 107, 121, Nienke Dek 57, Claudio Divizia 77, DELBO ANDREA 96, simona flamigni 154, 196, IriGri 55, Mate Karoly 201, Krim-Kate 166, Vladimir Korostyshevskiy 216, Nadzeya Lashaniova 180, Libero_Monterisi 138, Mamasuba 39, Jaroslav Moravcik 160, marcobrivio.photo 69, Maykova Galina 99, miqu77 222, Olgysha 149, oneinchpunch 182, Luca Ponti 41, REDMASON 205, Marco Rubino 62–63, sergiopazzano 137, Polina Shestakova 173, stockcreations 127, Tara Van Der Linden Photo 195, ValeStock 220, WDG Photo 153, Zabotnova Inna 92, ZanPa – Paolo Zanella 177

Liebe Leserin, lieber Leser,

wir freuen uns, dass Sie sich für diesen MERIAN Reiseführer entschieden haben. Unsere Autoren und Autorinnen sind für Sie unterwegs und recherchieren sehr gründlich, damit Sie mit aktuellen und zuverlässigen Informationen auf Reisen gehen können. Dennoch lassen sich Fehler nie ganz ausschließen, zumal zum Zeitpunkt der Drucklegung die Auswirkungen von Covid-19 auf das Hotel- und Gastgewerbe vor Ort noch nicht vollständig abzusehen waren. Wir bitten um Verständnis dafür, dass der Verlag keine Haftung übernehmen kann.

Ihre Meinung ist uns wichtig. Bitte schreiben Sie uns:
GRÄFE UND UNZER VERLAG
Postfach 86 03 66, 81630 München, www.merian.de

Leserservice
merian@graefe-und-unzer.de

PEFC/18-31-506

Bei Interesse an maßgeschneiderten B2B-Editionen:
roswitha.riedel@graefe-und-unzer.de
Bei Interesse an Anzeigen:
KV Kommunalverlag GmbH & Co. KG
Tel. 0 89/9 28 09 60
info@kommunal-verlag.de

Verlagsleitung Reise: Philip Laubach
Verlagsredaktion: Stella Schossow
Autorin: Kirstin Hausen
Redaktion: bookwise, München
Bildredaktion: Nora Goth
Schlussredaktion: Ulla Thomsen
Reihengestaltung: Independent Medien Design, Horst Moser, München
Karten: Huber Kartographie GmbH für Gräfe und Unzer Verlag GmbH
Satz: bookwise, München
Herstellung: Renate Hutt
Druck und Bindung: Printer Trento, Italien

GRÄFE UND UNZER

Ein Unternehmen der
GANSKE VERLAGSGRUPPE

MAILAND EN DETAIL

Ein Wesen der besonderen Art findet sich eingeritzt in die Außenmauer des **Palazzo della Ragione** auf der **Piazza Mercanti**. Es ist die Scrofa semilanuta (halbnackte Wildsau), und sie gehört zur Gründungslegende Mailands. Als der Keltenstamm des Anführers Belloveso im 6. Jh. v. Chr. von nördlich der Alpen einwanderte, begegnete Belloveso diesem Tier, dessen Rücken halb mit Fell bedeckt war, angeblich mitten in den Wäldern und Sümpfen der Poebene, und er beschloss, an dieser Stelle zu siedeln. Das Relief wurde wahrscheinlich 1233 entdeckt, bei Grabungen für den Bau des Gebäudes, und dann mit eingesetzt. Bis zur Herrschaft der Visconti war die Scrofa semilanuta das Wahrzeichen Mailands, sie findet sich auch im Wappen im Innenhof des **Palazzo Marino** an der Piazza Scala.

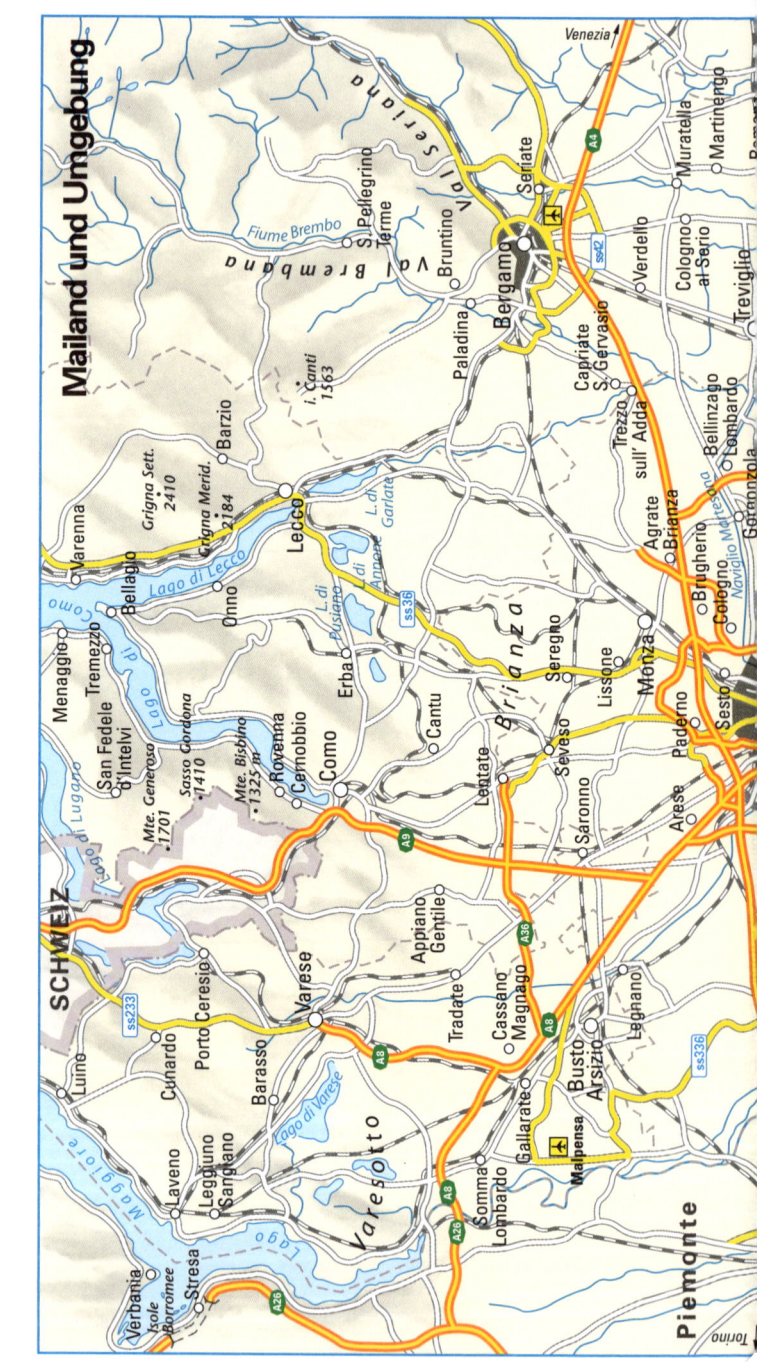